球速の正体

最新データ分析で
投手の球質を解き明かす

林卓史

TOYOKAN BOOKS

はじめに

私がまだ現役選手だった20年ほど前の野球界には、選手の能力を表す表現には、野球をしている者にしか分からないような言語、表現がたくさんありました。

いや、野球をしている者ですら、その理解は曖昧だった気がします。

例えば投手でいえば、スピードガンの普及によって球速は「時速」で明示されるようになり、「１４０キロ」が「速い球」であることは漠然と分かるようになっています。ただ、同じ「速い球」の中にも、「キレがある」「ノビがある」「球が重い」といった様々な特徴が存在し、それを見極めるのはそれぞれの人の感覚、経験則による比較論でしかありませんでした。

そうやって自らの感覚や経験を頼りに投手の特徴を把握し、投球フォームの修正や、身体的な能力を向上させるためのトレーニングといったコーチングを行い、成績が向上した投手の数が多い人が「優秀な指導者」と呼ばれてきました。もちろん、そうした卓越した眼力を持ち、それぞれの投手に適切な処方箋を提示できる指導者が有能であることは間違いないでしょう。でも、不幸にもそうした指導者と出会えなかったために、せっかくの才能を開花させることなく終わった投手は、プロにもアマチュアにもたくさんいたはずです。

令和の今、野球を取り巻く環境は大きく変わっています。野球人口の減少は、少子化の影響だけでなく趣味の多様化や価値観の変化といった複数の要因が重なり合うだけに、歯止めを掛ける手立てがなかなか見つからない状況です。分母（競技者数）の減少により、教わらなくてもできてしまう〝天才〟や〝センスの塊〟は、確実に減っているはずです。

それにも関わらず、まだ高校生の投手が１５０キロを投げることは珍しくなくなり、プロの投手の平均球速も向上傾向にあります。１４０キロは言うに及ばず、１５０キロも、いまや特殊な才能ではなく、努力で到達できる数値になっています。10年前、20年前のプロ野球の映像を見ると、まさに隔世の感と言えます。「昔と今で、選手のレベルは上がったか?」という論争は常に行なわれていますが、選手のレベルは向上し、野球が進化していることにもはや疑う余地はないでしょう。

その要因の一つが、これまで人間の〝感覚〟によって行なわれてきた「投球の計測」や「分析」といった部門の機械化と、それに伴う可視化。いわゆる〝テクノロジー〟の進歩が挙げられます。私自身、「ラプソード」という一台の計測機器を手にしたことで、指導する投手たちへのアプローチの仕方が劇的に変わったという実感があります。変えざるをえなかった、とも言えます。

野球界に限らず、時代と共に若い世代の選手たちの意識、気質は変わってきています。みんな子供の頃からプロ野球選手のピッチングやバッティングを編集したＹｏｕＴｕｂｅなどを当たり前のように見ていますから、年齢や住んでいる地域に関係なく、かなりの知識を持っています。そして、プロ野球選手たちのＹｏｕＴｕｂｅは、「実践知」と呼ばれるリアリティのある知識に満ちています。超人的な技術をもつプロ野球選手が、いとも簡単に「コツ」や「感覚」を言葉にして届けてくれる世界がそこにあるのです。

現実的には、こうしたプロ野球選手の珠玉の実践知をアマチュア選手がパフォーマンス向上につなげるためには、「見る」「真似る」の先に、もうひと手間ふた手間掛ける必要があります。それでも、いま彼らの目の前にいる「超人的」ではない指導者の、「走れ」「投げ込め」「これをやっておけば良くなるから」という言葉だけでは、デジタル・ネイティブの選手たちはなかなか動こうとはしません。

コーチングの方法論の中で、「エビデンスベースド・コーチング」という言葉があります。和訳すれば、「証拠に基づいたコーチング」「根拠に基づいたコーチング」といったものです。ＩＤ野球で名を為した野村克也監督は、自チームの捕手に配球を指導する際、「根拠を2つ持て」と教えたといいます。今はコーチングにも、（1）テクノロジーによる計測データ、（2）言葉による感覚的なアドバイス、この2つの根拠が必要な時代となっています。

当たり前ですが、ボールには意思はなく、投手が投げた（力を与えた）通りに動きます。ノビる、タレる、シュート回転……それが機器による計測で正確に見えてきます。ストロングポイントであればより向上させ、ウィークポイントであれば矯正していく。そのために必要な投球フォームの改善。フィジカルの強化や、ドリルや投球練習による再現性の向上。ストロングポイントが試合で出せないのであれば、メンタルを含めたその原因のリサーチ。ストロングポイントが出せているのに打たれるのであれば、配球の洗い直し。そうやって投球フォームも、フィジカルも、ボールの再現性も、メンタルも、各球種の価値も、あらゆることを計測することが可能なのです。

何のためにトレーニングをするのか？　どんなふうに技術練習をするのか？　どれくらいの結果が予測され、結果とのズレをどう解釈するのか？　それを数字的な裏付けを元にして説明することで、選手も明確な課題を持って取り組むことができるはずです。

こうしたテクノロジーは、もはやプロ野球やアマチュアの強豪チームだけがもつ特別なものではなく、様々なカテゴリーのチームや選手が取り入れ、日進月歩でレベルアップしています。だから指導者も、昔なら選手として実績を残していなかったら何も言うことはできないような空気がありましたが、今は現役時代に何勝して、どんなタイトルを獲っているのかよりも、いかに選手に分かりやすく課題を理解させ、パフォーマンスを上げさせられるかが大事になっています。そのための重要なアイテムとなるのがテクノロジーなのです。

メジャーリーグでは、すでにプロでの選手経験のないコーチが存在し、一方ではデータの理解力が高い元プロ野球選手は、コーチと選手との仲介を果たすコーディネーターとして重宝されているようです。日本でも昨年オフ、エポックとなりえる動きがありました。プロ野球経験のない八木快が、DeNAの育成投手コーチ（投手育成コーディネーターと兼任）に就任したことです。八木氏は選手としては甲子園出場経験もありますが、筑波大の大学院で動作解析を研究した分析のスペシャリスト。つまり研究者です。これまでもトレーニング部門などではこうした野球の専門家以外の人材がユニフォームを着ることはありましたが、テクニカルのスタッフとしては〝初〟ではないでしょうか。このように日本にも、テクノロジーを駆使し野球の進化に対応できていることで、極論すれば「野球を経験したことのない人」でさえもトップ選手に対してコーチングを行なえる時代が、すぐ近くまで来ているのです。そうした動きが本格化すれば、今後、野球界に籍を置く人たちのパーソナリティーや職域はどんどん変化していくことでしょう。

まずは私の専門分野である投手における分析は、どういう状況にあるのか。プロ野球は？ メジャーリーグは？ 高校野球は？ 多くのチーム、選手、関係者の取材からデータ分析の現状を考察し、ラプソードのフィルターから映し出される野球の進化論を書き記していきましょう。

２０２３年４月
林 卓史

球速の正体　目次

Chapter 2

データが示す投手の特徴

Chapter 3

※本書で登場する選手の所属等は、2023 年 9 月 30 日現在のものとしています。

Chapter 1

データで広がる野球の世界

1

データ野球の現状

2017年　#ラプソード元年

２０１７年3月、慶應義塾大学スプリングキャンプ。後輩ＯＢの川口哲史（２００８年卒）が、米国で入手したラプソードを手に携えてはるばる石垣島に来てくれました。ラプソードとは、映像を分析することでボールの回転数や変化量といった情報を出力できる、カメラとコンピュータが一体になった計測機器です（図1）。私はオモチャを買ってもらった子供のように喜び、心が高揚したのを覚えています。それは私にとって、喉から手が出るほどほしかったものだったからです。

当時、慶應大学の野球部で助監督を務めていた私は、日本ではまだ未開の分野でしたが、メジャーリーグにおけるチーム強化の指針となっていたセイバーメトリクスとトラッキングシステムに強い関心を持っていました。この分野の第一人者である國學院大學の神事《じんじ》努《つとむ》准教授と何度も意見を交わし、データスタジアム社によって著された『野球×統計は最強のバッテリーである』（中央公論新社）を読み返しては、自分が指導している投手たちの投げるボールの球質、特徴を正確に知りたいという欲求に駆られていたのです。そのために必要なのが、ラプソードでした。

ラプソードを用いることでスピードガンよりも多角的に、よりリアルに投手の能力を評価することができます。そして、こうした精密な計測と選手がもつ感覚を照合していくことで、これからの野球はさらなる進化を遂げることができると確信していました。

私は2018年に慶應大学野球部の助監督を退任して以来、特定チームの監督やコーチとして現場の指導職に就くことなく、現在は所属する朝日大学の教授として学生に講義を行なう立場にあり

図1　石垣島に届いたラプソード

ます。そして自身の専門分野として、ラプソードの有効的な活用など、野球におけるテクノロジーを駆使したマネジメントを研究しています。まだ未開発の分野でもあり、最近は高校、大学、社会人、女子野球と様々なカテゴリーのチームから講演の依頼を受け、ラプソードを用いた計測や講演を行なう機会が増えています。そんな時に、この一台の計測機器がチームは言うに及ばず、野球界全体の進歩、発展に繋がるものであるという理念を、選手や指導者の皆さんに伝える、理解してもらう大事さを常に考えています。

今、なにが起こっているのか

2022年8月末、研修のために渡米した私は、ワシントン州シアトルにある「ドライブライン・ベースボール（以下、ドライブライン）」を訪れました。

ドライブラインは、メジャーリーグのトップ選手を含めた多くの選手が利用する秘密基地として、近年、野球界の注目を集めているトレーニング施設です。2017年頃から、重量の異なるボールを投げるトレーニングや、助走をつけた「プルダウン」と呼ばれる投球などの斬新なメニューによって、投手の能力を飛躍的に向上させることで一躍有名になっていました。

じつは私は、2017年にも渡米する機会があり、このドライブラインの施設を初めて見学しています。その後、こうしたトレーニング部門の最先端の知識を得るために参加している『ＳＡＪ（Sports Analytics Japan：日本スポーツアナリスト協会が主催するカンファレンス）』のＷｅｂ講演で、幸運にもドライブラインの創設者であるカイル・ボディ氏、米国でハイパフォーマンストレーナーとして活動し、ドライブラインではＳ＆Ｃ（ストレングス＆コンディショニング）に携わる南野雄一郎氏（日本ビジネスリード）とご一緒する機会を得ました。今回の渡米では、南野さんにアテンドを依頼したうえでのドライブライン訪問です。それゆえ２０１７年の初訪問時以上に、深く内部を見ることができました。

ドライブラインの取り組みについては今後あらためて取り上げますが、何よりも前回訪問時から5年間における進歩を強く感じさせられました。

ドライブラインでは、徹底したデータや科学的根拠に基づくアプローチが行なわれています。ＳＡＪのカンファレンスで、ボディ氏は「最終的には選手に〝これだけ良くなった〟という自信を持たせてグラウンドに送り出すことが重要だ」と話していました。噛み砕いて言えば、「データに基づいたコーチングやトレーニングにより能力の向上を図り、選手自身がその能力の向上を定量的に把握することで自信を付ける」ということではないでしょうか。つまり、選手を「俺、すごく良くなったから、早く試合がしてみたい」という気持ちにさせることです。

スポーツの指導者は、よく「試合とは、〝試し合い〟である」という言葉を用いることがあります。言葉の成り立ちからして、間違いではないでしょう。しかし「試す」には、必ず「材料」が必要となります。この「材料」を「データ」で示す作業が、ドライブラインで行なわれていることなのです。カイル・ボディの「能力の伸長をデータで示し、自信を付けて送り出す」という言葉に代表されるように、ドライブラインのアプローチは、理に適った、正攻法と言えます。

昨夏、日本にも素晴らしい施設が誕生しました。

データに基づいた野球への科学的アプローチを行なっているネクストベース社が、千葉県市川市に設立し、昨年8月にオープンしたネクストベース・アスリートラボです。高性能の機器を豊富に揃え、計測・評価・トレーニングとオールマイティーに活用できる施設で、プロ野球選手はもとより、小学生から高校、大学、社会人とあらゆる層のアマチュア選手が利用できます。これは、日本における革命的な取り組みと言えるでしょう。

私もオープン早々にアスリートラボに足を運び、実際に自分がピッチングをすることで、その投球内容を分析してもらうだけでなく、改善へのアドバイスをもらうことができました。

動作解析、フィジカル能力、球質など細部にわたる分析を担当してくれたのは、前述の神事先生です。神事先生とはそれまでもＷｅｂ講演などでご一緒するたびに熱心に議論を交わし、とくに「感覚」や「言語化」の重要性については意気投合していました。球質や身体の動きをデータ化（数値化）することと、「感覚」について議論することは、相反する方向性のように感じられるかもしれませんが、じつはこの二つは強く、分かち難く結び付いています。

　私は選手時代、指導者から「自分が気持ち良いと感じるところで腕を振ればいいんだ」というアドバイスを受けたことがあります。その時にはまったく意味が分かりませんでした。当時の私はごくたまに１４０キロ出る程度の球速の投手で、「１５０キロを出してみたい」と思っていましたが、その出し方はまったく見当が付きません。それでも、「きっと自分が知っている感覚でやっていても、大きく変わることはないだろう」ということは察することができました。

　教える立場になった今、当時の自分の経験から、考えるところが多々あります。選手たちが何か新しい技術を習得しようとした時に、「違和感がある」と言うことがあるのですが、そんな時には、「１５０キロを投げたことがない投手が、１５０キロを投げられる投手の身体と入れ替わって１５０キロを投げたら、初めは違和感があると思うよ」と説明します。打撃フォームを模索する打者であれば、「バックスクリーンにホームランを打ったことがない選手が、バックスクリーンにホームランを打ったら、いつもと違う感覚になるんじゃないかな」と。とはいえ彼らの気持ちも分かります。言っている私だって、現役時代に違和感のない「自分が気持ち良い」というところで腕を振って投げたところで、結果はあまり変わらなかったでしょう。そもそも、「気持ちが良い」と感じられるところもなかなか見つかりませんでしたから。

以前、スポーツ心理学者の布施努先生（慶應義塾大学スポーツ医学研究センター研究員）から面白い指摘を受けたことがあります。布施先生は、野球のU23日本代表や早稲田大学ラグビー部などで多くのトップアスリートや野球選手を指導しています。私もよくアドバイスをいただく間柄だったのですが、ある日、私のラプソードを使ったコーチングを見て、こう言いました。

「林君。要するに〝電子式カベ当て〟をやってるんだな」

これは言い得て妙だと感心したものです。カベ当ての効果については、野球経験者ならお分かりいただけると思いますが、カベに当てた（投げた）通りにボールは跳ね返ってくるため、「自分がどれくらいの強さでボールを投げたか」「自分がどんな回転のボールを投げたか」「自分が狙ったところにボールを投げたか」が分かります。

しかし、いざ本当の投球になるとそう簡単にはいきません。「カベ」がなければボールは戻ってきませんから、自分が投げたボールを的確に自己評価するのはなかなか難しい作業です。ましてボールは自分から遠ざかっていくわけですから、なおさら困難になります。人間の目や感覚の限界です。だからこそ、機械の力を借りたいのです。

ラプソードやトラックマン（レーダーとカメラによってボールや人の動きを計測する機器）、ホークアイ（カメラによりボールや人の動きを計測する機器）といった計測機器は、「自分がどんなボールを投げたのか」について、的確に自己評価を行なうことを助けてくれます。この「自己評価を的確に行なうこと」という意味で、布施先生はラプソードを「電子式カベ当て」と表現したのでしょう。

データ（計測機器）がもたらすもの

まず、計測機器があると、いったい何が良いのでしょう？

それは「そのコーチングの効果はあったのか」「そのトレーニングの効果はあったのか」「ボールの握りを変えたことの効果はあったのか」といった課題を確認・検証できることです。トライアル＆エラーを行なうことができるようになるのです。このことは、選手育成に劇的な効果をもたらすはずです。ソフトウェア開発において「アジャイル」と呼ばれる、素早くトライアル＆エラーを繰り返す手法がありますが、これによく似ています。

実際にこうした機器の導入以降、選手の成長スピードは加速しています。

用途の幅を広げると、プロ野球におけるスカウティングという部門でも、アマチュアの選手に対して、「どんな選手がプロで通用する素材なのか」ということを予測できるようになるはずです。

私は大学生をコーチングする時に、よく「１５０キロ台のストレートと、１４０キロ台の変化球を投げることができれば、ドラフト候補になるよ」という話をしています。もちろんコントロールや試合での強さ（ピッチング・マネジメント）、メンタル、球質、フィールディングも重要でしょう。それでも試合でのデータを蓄積していくと、「140㌔以上のスライダーやカットボールは、大学トップクラスの打者相手でも被打率1割以下、長打はなし」「ストレートが147㌔を上回ると、被打率は急激に低下する」という統計が出てきます。その数字で、〝150㌔のストレート＋140㌔以上の変化球〟が「大学生の水準を超えている＝ドラフト指名に近づく」という私の基準は理解してもらえると思います。

回転数にも着目すると、「140㌔以上、かつ2300回転／分以上」のストレートは、大学野球では空振りやポップフライが増えることも分かっています。

こういった検証が、ラプソードなどの計測機器があることで可能になるのです。

では、この「どんなボールが打たれないのか」という検証は、試合の結果ではダメなのでしょうか？　つまり、試合で出てきた結果が「カベ当て」の〝カベ〟となり、投手のボールや能力を的確に把握できないか？　という意味です。

結論から言うと、これはとても難しいでしょう。正確性に欠けるという言い方もできます。なぜなら試合では、多くの不確定要素が入ってきます。配球、ストライクゾーン、打者の力量、守備。「球質としてはもう一つだが、打者の力量がさらに下でアウトにできた」「球質としては良かったが、打者の力量が上でヒットになった」「良いボールを投げたが、不運なヒットになった」といったことが試合では起こりえます。究極的には「勝つ投手が良い投手」ということになるのですが、それでは隔靴掻痒《かっかそうよう》の感があります。

広島県で、数年前までは無名だった武田高校という私立校が急激に力を付け注目を集めています。２０１９年のドラフトでは谷岡颯太投手がオリックスから育成2位指名を受け同校初のプロ野球選手となりました。谷岡投手は、中学時代は最速１２０キロそこそこのどこにでもいる投手でしたが、高校3年時には１５２キロを計測したようです。この急成長の背景には、同校でトレーニングを指導する高島誠トレーナーの存在があるようです。

プロからアマチュアまで多くの投手の身体作りをサポートしている高島トレーナーが、自らのトレーニング理論の中で作られた、「各投手の目標とする球速別にトレーニングの強度を示してあげる」という手法は、私にとっても大変興味深いものでした。先述の「電子式カベ当て」にも通じますが、「１４０キロを出すには、これくらいの身体能力が必要」と分かりやすく数値を示すことで、多少の例外はあるにせよ、一つの指標となることは間違いありません。

私も慶大助監督時代、明治神宮大会で優勝投手となった高橋佑樹投手（現・東京ガス）を指導した際、「１５０キロを出す投手は、20メートルジャンプ（三段跳びのようにジャンプをするトレーニング）を7歩で到達できる」「20メートルジャンプに8歩かかると１４０キロがせいぜい」という裏付けが取れていました。同じように、津留崎大成投手（現・楽天）には「メディシンボール投げが、慶大グラウンドのブルペン脇のネットの上を越えないと１４７キロは出ない」ということを言っていました。

こうやって個々の選手が身体能力の目標値を達成した上で、狙った球速や球質が出せない時に、「なぜだろう?」「どこにロスがあるのだろう?」とあらためて考えていくのです。それがなければ、何を基準として評価をしたらいいのかが分かりません。

ドライブラインやネクストベース社のアプローチは、それがさらに一歩進んだものということです。身体能力を高め、動作の効率性を高め、まず狙った球速や球質、球種の組み合わせができた上で、もし試合での結果が伴わないのであれば、「なぜ打たれるのだろう?」「配球かな?」といった実践的な課題へのアプローチに向かえるのです。

「球速が速くても打たれるじゃないか」「回転数が多くても打たれるじゃないか」という指摘を受けることがよくあります。野球というのは本当に上手くできたスポーツで、完全無欠の必勝法は今のところありません。ただし、必勝法はなくても、より勝ちやすい方法を模索してアプローチしていくことはできます。そのプロセスが面白いと私は考えています。だから悪い結果に直面した時に、必ずしもすべてご破算にする必要はなく、「速くても打たれるのは、他の要因があるのかもしれない」というアプローチもあるのです。

「結果の予測」は、コーチの役割の一つになります。ラプソードで計測をしていて、練習でのデータと試合での結果が蓄積されてくると、「(試合では)これくらい抑えるだろう」「今は結果が出ているが、実際にはそこまでのボールの力ではなく、揺り戻しが来るだろう」といった予測をすることができます。

熟練した監督やコーチは、結果の正確な予測が行なうことができるものです。もちろん経験の要素が大きいのですが、今後はラプソードのような計測機器を用いることで、結果を予測する精度を大きく向上させることができるはずです。

データを活かすアプローチとは

ラプソードを日本に普及させる役割を担うラプソードジャパンの山同建代表にお話を聞くと、現状の課題として、「アマチュアチームではラプソードをなかなか活用しきれていない」という見方をされています。一方、プロチームが活用可能な理由として、スタッフによるマンパワーの違いを挙げています。

つまり、計測のためには組織（チーム）内に「(計測・蓄積・分析・解釈といった）面倒なプロセス」を踏む人員を配置する必要があります。そんな面倒なことはせずに、監督やコーチ、選手の「印象」だけで方向付けをしていた方が、手間は掛かりません。しかしそれは「安易」ではありますが、非常に危険性を孕むものです。

東京六大学のリーグ戦では、神宮球場に設置されたトラックマンにより多くのデータが計測され、そのデータは各チームの選手たちにフィードバックされています。最近は選手たちに確認をしても、「自分のリリースポイントは、プレートから捕手寄りに2メートル以上近づいていて、球持ちが良いんです」といった言葉がポンと返ってくるようになりました。

現在、東京大学や慶應大学には分析を専門に行なう学生アナリストチームもあるようです。トラックマンのデータがあれば、彼らもさぞ分析のし甲斐があることでしょう。また、このデータの蓄積が、例えば左腕の好投手を分析する際に、「早大時代の早川隆久（現・楽天）の球質と比較して」というような、選手にとってより理解しやすい説明を可能にしています。これは、すごく恵まれた環境ではないでしょうか。

私は様々な高校で「トラッキングデータ（ボールの計測データ）の活用」について講演を行なうことがあります。そこでよく仮定の話として、「私がコーチなら、大阪桐蔭のような強い学校に勝つには」というテーマで自説を聞いてもらっています。

「１４５キロのストレートと１３８キロの変化球を投げることを最優先してトレーニングを行なう。優位性のある左投手であれば、１４０キロのストレートと１３５キロの変化球でも十分だろう。これができるようになるまで、フィールディングもクイックも練習しなくてもいい」

そんな内容です。極論になりますが、打球速度が速くなりやすい金属バットを持ったトップレベルの高校生なら、球速のないストレートで時間的余裕を与えるとなかなか凡打（アウト）にならず、送りバントもしないし、ピッチャーゴロも打ってはくれません。ということは、フィールディングの練習の必要性は低い、というロジックになります。

現在、メジャーリーグでは計測データが実質的に公開されているのですが、日本の野球界はこの部分に関しては慎重で、なかなか情報公開が進んでいません。そうなると、アマチュア選手にとってはこうしたトラッキングデータの活用も非現実的なのかもしれません。「甲子園のレベルを肌で知る」「プロ野球のレベルを肌で知る」ことは大切なことですが、そこでの試合を実際に経験しなくても、「これは通用するよね?」ということが推測できる時代が来ているのですから、本当に勿体ないことです。

なお今年開催された第5回WBCで、全試合の球質データが実質的に公開されたことにより、日本トップレベルの投手の現在の球質が明らかになりました。これは野球界にとって大きな進歩であり、本書を執筆する助けとなっています。

話は少し逸れますが、私は大谷翔平選手（ロサンゼルス・エンゼルス）や菊池雄星投手（トロント・ブルージェイズ）を輩出した高校野球の強豪・花巻東高校で指揮を執る佐々木洋監督の、指導に関するリアリティのある知識（実践知）を調査し、昨年、学術論文として発表しています。

この研究で、佐々木監督は「際《きわ》」を重視したコーチングを重視していることが明らかになりました。ここで言う「際」という言葉の意味は、「球際」などの「際」ではなく、「自主性と強制」など一見相反すると思われることの中に重複する部分が存在し、それを「際」と表現しています。私は、この重複する部分を狙ってコーチングを行なうことで、効率良く本質を突いたコーチングができるという仮説を立てています。

この本のテーマに沿って「際」を考えてみると、「データ」と「人間的な部分」という、相反すると思われる二つの要素の重複部分、「際」を狙ってコーチングを行なうということになります。

「データ」だけでは足りません。データは本来、状態や状況を示しているだけなのです。一方、「人間的な部分」についても、1970年代に生まれ育った私たちの世代の「根性論」だけでも当然ダメです。まさに、その両者の「際」が必要になると考えています。「令和」と「昭和」の両面が要る、ということかもしれません。

全国各地に講演に出向いたりチームを見る機会があると、実際にこの「際」を突くのはなかなか難しいことのように感じています。一定年齢以上の指導者にとっては、計測されたデータの意味を、実感をもって捉えることが困難なようです。逆に若い世代は「頭でっかち」になることがあり、データを選手としての成長に結び付けることができていない傾向があります。この二つの世代において、上手くいかなかったからといって、「人間力なんて意味がない」とか「データじゃ勝てない」といった極論に走ることは明らかな間違いでしょう。データを活かすためにも、人間的な力を活かすためにも、佐々木監督の言う「際」を狙ったアプローチが必要になってくるのです。

２０１７年に初めてドライブラインを訪れた時のことです。シアトル滞在中にドライブラインが稼働しない休業日がありました。この時の渡米はドライブラインの視察だけが目的だったため、私は現地で手持ち無沙汰になってしまいました。そこで、「どうせなら行ってみよう」と散歩がてらドライブラインまで歩いてみることにしました。

現地に着いてみると、当時のドライブラインはまだ小さな室内練習場程度の規模でしたが、休日のはずなのに施設の入り口のカギが開いていました。中に入ってみると、一人の投手がネットに向かって投球する姿がありました。それはメジャーリーグを代表するスターター（先発投手）、トレバー・バウアー投手（今季からＤｅＮＡでプレー）でした。

一心不乱にネットスローを繰り返していたバウアー投手は、私の存在に気付きましたが、「邪魔するつもりはない。見学だけさせてほしい」と簡潔に伝えると、練習に戻っていきました。滞在中に接した選手たちはフランクな親しみやすい人柄が多い印象がありますが、この時ばかりは彼の真剣さのみなぎる表情を垣間見て、余計な身動きや物音を立てないよう気を付けました。

バウアー投手は、一球投げるごとにラプソードの画面を確認していました。当時の私は、「私と同じように、やはりラプソードを使っているのだな」という程度の認識でしたが、どうやらスライダーの改良を行なっている様子でした。のちに『アメリカン・ベースボール革命』（ベン・リンドバーグ著）という書籍を読んで知ったのですが、当時、バウアー投手が在籍していたクリーブランド・インディアンス（現クリーブランド・ガーディアンズ）には、変化球に定評のあるコーリー・クルーバー投手がいました。このメジャーリーグ通算100勝を超えるベテラン投手の武器とするスライダーを「完コピ」するために、彼は一球一球、握りや力の入れ方を工夫し、「球速」「回転軸」「回転効率」「ボールの変化量」をチェックしながらネットスローを行なっていたのです。

その姿には「集中」「没頭」という言葉がピッタリと当てはまります。2017年のオフシーズンに、バウアー投手はこうしてスライダーを5000球投じたといいます。それは「投げ込んだ」というよりも、「様々な要素をかけ合わせて試してみると、膨大な投球数が必要となった」という表現の方が相応しいかもしれません。翌2018年にはシーズン防御率を前年の4・19から2・21へと大幅に向上させ、2020年にはメジャーリーグの最優秀投手賞であるサイ・ヤング賞を受賞しています。明確な目的や目標がある練習を、科学的なアプローチを用いて行なっている向上心にあふれた姿は、まさにデータを活かすアプローチだと感じました。

データを使うことは難しい？

野球界には今も、データを活用することにアレルギーのある人がかなりいるのではないでしょうか。だが実際には、それほど難しいことが語られているわけではありません。

例えばラプソードやトラックマンで計測されるデータは、それだけを見たらただの数字の羅列です。アナリストにとっては即座に意味をもつ数字の羅列（有意文字）であっても、馴染みのない人には数字が並んでいるだけなのです。

しかし、毎日接していると、おぼろげながら数値の意味が輪郭を持ち始めます。自動車を運転する際に、スピードメーター自体に意味はないことと同じでしょう。どんなところを走っているのか、道路状況という前提条件があるから、「80キロだから速い」「30キロだから遅い」ということは必ずしも言えません。

データや数値の意味を精密に分析する作業は、アナリストの手を借りることで解決します。しかし、「こういうものを測っているんだな」ということは、大雑把にでも把握しておいて損はないはずです。

慶應大学の助監督時代に部下として働かせてもらった大久保秀昭監督は、この辺りのバランスが抜群でした。計測や分析を取り入れるチームマネジメントを行ない、ときには自ら打球速度の目標設定を行なうなど、データへのアレルギーをもつことなく、かといってデータに偏重することもない、まさに適切なアプローチを行なっていました。現在は社会人野球のＥＮＥＯＳの指揮を執り、就任3年目の昨年の都市対抗でチームがしばらく遠ざかっていた優勝を成し遂げました。卓越したバランス感覚が、大学、社会人と戦いの舞台を変えながら、どちらのチームも日本一に導くという素晴らしい実績を残す要因なのだと私は分析しています。

このENEOSに2022年の都市対抗の決勝で敗れ準優勝に終わったのが東京ガスです。東京ガスの山口太輔監督は、大久保監督よりもさらにデータの活用に積極的でした。準優勝を置き土産に昨年末で退任しましたが、在任中に取り組んでいた打者の打球速度・角度の改善へのアプローチは、結果的に、東京ガスが「アマチュア球界随一の強力打線」と呼ばれるまでにビルドアップしたことに繋がっているはずです。

私は、現場で指導にあたる監督やコーチがデータにアレルギーをもつことは、非常に勿体ないことだと強く感じています。

ビジネス用語に「ブルーオーシャン」という言葉があります。「競争の少ない魅力的な市場」というような意味になります。ビジネスの世界でも、他の人と同じような取り組みでは、同じような結果しか得られません。2019年に刊行された拙著『スピンレート革命』の中で、「勝利に進む我が力、常に新し」という慶應義塾大学の応援歌の一節を引用したことに一部の読者から反響がありました。データの活用は、「ブルーオーシャン」を目指し、「他者とは違う成果」をもたらすチャンスなのです。

かつて高校野球で一世を風靡《ふうび》した池田高校（徳島県）の蔦《つた》文也監督が、金属バットの導入に合わせた打撃重視の野球とトレーニングを組み合わせて大きな成果を挙げたように、それが現状の業界内ランキングに劇的な変化をもたらす可能性を持っています。もはや前著で書いたようなラプソードを使用するだけでは、「新し」ということにはなりません。しかし、計測機器や科学的アプローチの発達はこれからも進んでいくことは間違いありません。ならば、それとどう向き合うべきなのか。そういう意識の変換が必要になります。

指導者が新しいアプローチを躊躇《ためら》うリスクについて考える際、『オタクの行動経済学者、スポーツの裏側を読み解く』（トビアス・J・モスコウィッツ&L・ジョン・ワーサイム著）の一節を思い出します。

この本では、「統計的には正しくないが、セオリーとされているため監督やヘッドコーチが無難な采配を行なう」理由を、「奇抜に見える采配を行なうことで、監督やヘッドコーチが評価を下げ、解任されることを恐れる」ことにあると指摘しています。つまり、指導者が「守りに入っている」「消極的になっている」ということです。私にも経験がありますが、試合に負けると、選手に対して「なぜ積極的にプレーしないんだ」「もっと攻めていけ」というアドバイスをしてしまいがちです。それに対する選手の声として、「だって、コーチも消極的でしょ」「監督が守りに入った采配をしている通りに、僕たちもプレーしただけだ」と書かれています。これこそが、指導者にとって最大のリスクなのです。

現在の計測機器で計測されるデータは、それほど難解なものではありません。少なくとも、分かりやすく解説してくれる人がたくさんいます。だからこそ、データに対して、科学的アプローチに対して、アレルギーをもつことは、とても勿体ないということなのです。

弱いチーム・伸びない選手は測って終わり

私はラプソードに関する講演に行くと、「弱いチーム・伸びない選手は測って終わり」という話を必ずしています。それは啓発でもあります。どんなに素晴らしい機器があっても、測って、現状を把握して、「どうしていくか」「どうやっていくか」「実際にやる」というプラン立案能力や遂行能力がなければ意味がないのです。「ＧＲＩＴ」でも「やり切る力」でもいい。この能力を養うことこそが重要になってきます。

現代の野球において、「データ」には二つの種類があります。

一つは「ＩＤデータ」と呼ばれるもの。「アウトコース低めが弱い」とか「ストレートには打率０・３５０」といったデータのことです。もう一つは、「ボールの変化量が、ホップ量55センチ・シュート量が20センチ」といったデータ。これを「トラッキングデータ」と呼んでいます。

ＩＤデータは、いわば統計的なデータです。多くのデータが蓄積されることで、各選手のストロングポイントやウィークポイントが鮮明になっていきます。その強み弱みを活かしたり、弱みを突いたりして勝負を優位に運ぶようトライしていくのです。一方、トラッキングデータは、計測によって得られるデータです。「なぜアウトコース低めが弱いのか」とか「なぜストレートが打たれないのか」といったポイントを、部分的ではありますが説明ができます。

だから野球ファン、見る側の人も、トラッキングデータの概要を理解することで野球の楽しみ方はより深まるはずです。ロサンゼルス・エンゼルスの本拠地エンゼルスタジアムに行くと、投球のボールの変化量や、打球速度や角度がスクリーンに表示されています。エンゼルスのファンは、これにより大谷翔平選手の投げるボールや、飛ばしている打球のトラッキングデータを知ることが出来るのです。そういう野球の楽しみ方を、多くの人に気づいてほしいと私は考えています。

私も計測機器を活かしたコーチングが普及するように、いろいろな活動にチャレンジしています。２０２２年1月から3月にかけて、懇意にしている中央学院高校（千葉県）の相馬幸樹監督から依頼を受け、投手の育成プロジェクトを実施しました。同校の投手を、球速とコントロールを基準に4つのグループに分け、グループごとに選手たちにトレーニングプログラムを立案・実行してもらい、２カ月後にプログラムの成果を検証するという試みでした。

立ち上げ当時、私はまず計測と「投げる」ことについての基本的な解説を行ないました。ラプソードで球質の計測を行ない、同時にフォームの計測も行なっています。フォームの計測については、「ProPlay AI」というアプリを用いました。このアプリは、投手のフォームを横から撮影し、アップロードすることで投手の動作を分析、アプリが設定した標準モデルと比較する、というものです。

プロジェクトの参加者で、10キロ以上球速を向上させた投手がいました。A君としましょう。その理由を調べてたくて、本人に話を聞いてみたところ、「ヒップ-ショルダーセパレーション（肩のラインと腰のラインのねじれ）は十分に出ているという計測結果を聞き、相馬監督と相談をして、その長所を生かすフォームに変更した」という回答でした。

率直に言って、ヒップ-ショルダーセパレーションが出ていることと、そのことを活かす投げ方の間にセオリーはなく、それは彼のインスピレーションや閃きによる変更だったと想像していいます。しかし、それが相馬監督や中央学院高校のもつ強みなのかもしれません。計測結果はただの計測結果であり、そのことをどう活かすかということへのヒントをもらった気がしました。

中央学院高校はレベルの高いチームで、10キロ以上の球速向上があっても、その後、このA君が主力投手になることはありませんでした。それでも、彼が「自分は良くなった」「俺は成長した」という実感を得て、指導者も手応えを得ることができたのであれば、このプロジェクトは成功だったと、私は胸を張って言えます。

コントロールについても、計測し、フィードバックすることで向上する可能性があります。ラプソードが登場するまでは多くの投手が自分の球質を把握していなかったように、自分のコントロールを把握していない投手は多いはずです。日頃から「何センチズレたの？」ということをフィードバックすることで、投手のコントロール能力を向上させることができるかもしれません。

コーチ役割の変化　～「選手を知る」ことの重要性

「士は己を知る者のために死す」という言葉があります。この言葉を聞くたびに、選手の成長には、その選手について知った上でコーチングを行なうことが重要であると実感させられます。

現代では、計測ができる以上、球質を知ることも、「知る」ことに含まれるでしょう。研究には、「質量混合研究」という研究方法があります。インタビューデータや記述データなどの「質的」データと、筋力やパフォーマンス、動作分析といった数値化できる「量的」データの両方から深い分析を試み、知見を見出す研究方法です。選手のストーリーや考え方、性格などを知ること（質的データ）も重要であり、同時に、選手の身体に関するデータや、ラプソードなどで計測したデータ（量的データ）を知ることも必要な時代に来ているということでしょう。

現在メジャーリーグで活躍している選手として、ダルビッシュ有投手（サンディエゴ・パドレス）と大谷翔平投手（ロサンゼルス・エンゼルス）を挙げることができます。両選手とも日本でプレーしていた当時から突出した存在でしたが、メジャーリーグに行って、さらに成長しています。大谷選手はバッティングのムダが削ぎ落され、スライダーが素晴らしくなったこと。ダルビッシュ投手はストレートが速くなり、ピッチングの安定感が増したこと。

こうした成長の要因を考えていくと、もちろん彼らが高いレベルの環境にアジャストしたということもあるでしょう。しかし、ダルビッシュ投手がラプソードでの計測をＹｏｕＴｕｂｅで配信しバズらせていたように、アメリカには計測を含めて科学的なアプローチを行なう環境が身近にあり、そのことがさらに選手を成長させるのではないかと私は考えています。

その半面、これはデータ化するのが難しいことなのですが、スタットキャスト（ボールや選手の動きを把握・分析するツール）が全面的に導入された２０１５年以降、メジャーリーグでは日本人選手が苦戦しているような印象があります。彼らが進化に対応できているのか、しっかり検証してみる必要があります。日本が野球発展途上国にならないためにも、計測や科学的なアプローチが広がることを願ってやみません。

計測を取り入れるにあたって、とくに注意しなくてはいけないことがあります。それは、「確証バイアス」というものです。

人間はスッキリとした説明を求める傾向（バイアス）があります。ラプソードで計測した結果は、例えば「55センチのホップ量がある」≒「伸びがある」となります。投手が空振りを取った時に、「伸びがあるから」と説明をしたくなりますが、もしかするとそこには「見えづらさ」「打ちにくさ」が関係しているのかもしれないし、前のボールとの組み合わせが効いている可能性もあります。

ラプソードの計測データなど現時点で分かっている情報ですべてを説明しようとするバイアスのことを、ここでは「確証バイアス」と呼ぶことにしましょう。現時点で持っている情報で推定するしかない一方で、「すべてを測れているわけではない」「すべてを説明できるわけではない」という謙虚さ、慎重さをもつことも必要になってきます。

この本の執筆のため取材させていただいた福岡ソフトバンクホークスの関本塁GM補佐は、選手のスカウティングにあたっては、「採りたい選手を決めておいて、（その選手を採る理由付けのために）都合の良いデータを持ってこないように」と、確証バイアスに気を付けていると受け取れる発言をしています。これは慧眼だと感心しました。じつは私の知り合いのスカウトも、「ラプソードエリートに注意しなければ」と語っています。ラプソードでの計測結果が素晴らしいからといって、それがそのまま「勝てる投手」であるかどうかは、慎重に見極めなければなりません。すべてを説明できるという錯覚（確証バイアス）には注意が必要なのです。

しかし、このバイアスが入る危険性を差し引いても、計測を活かしたコーチングや、計測データの意味が分かって野球を見ることはとても面白いものです。本書を通じて、その面白さをご紹介できれば幸いです。

2

データ分析で何が分かるか

ラプソードでできること

ラプソードは高速度カメラとレーダーで撮影した映像から、ボールの回転数や回転方向を割り出し、変化量を推定する測定分析機器です。ホームベースから5メートル弱の地点に設置します。図2は、2020年のドジャースキャンプの様子です。各投手の投球をラプソードで計測していました。

計測できる項目は、①球速、②回転数、③トゥルースピン（以後、「有効回転数」）、④回転効率、⑤ジャイロ角度、⑥回転方向、⑦リリース位置（高さ）、⑧リリース位置（横）、⑨ボールの変化量（上下）、⑩ボールの変化量（左右）、⑪ボールの到達位置です。

投手が投球すると、Wi-Fiを通じてタブレットへ図3のような画面が表示されます。

内容については表に示しますが、ストレートについて特に私が着目するのは、①球速、⑨ボールの変化量（上下）です。サイドスロー系の投手の場合、⑩ボールの変化量（左右）に着目することもあります。打者の反応時間を奪うという意味では、球速は速いに越したことはありません。「球速は正義」という言い方をすることがあります。

ボールの変化量（上下）は、高校生だと48センチ、大学生以上だと50センチ以上の上方向への変化量があると「伸び系」に分類します。球速が遅いと、ボールの変化量も出やすいので、高校生だと135キロと48センチの伸びを両立すると良いでしょう。

サイドスローやアンダースローでは、ボールの回転方向からシュート方向（右投手の場合右方向への変化）への変化が増えます。40センチ以上のシュート量があると、打ちにくくなるようです。

ボールの変化量は、回転方向と有効回転数の影

図２　ラプソードを設置した様子

表１　ラプソードの計測項目と内容

項目	内容
①球速 [km／h]	いわゆる球速。打者をアウトにする重要要素。
②回転数 [rpm]	１分間あたりの回転数。
③トゥルースピン （有効回転数）[rpm]	ボールの動きに影響を与える回転数。 多いほどボールの変化量は大きくなる。
④回転効率 [%]	回転数の内、トゥルースピンの占める割合。 （回転効率）＝（トゥルースピン）÷（回転数）
⑤ジャイロ角度 [度]	進行方向と回転軸との角度の差。
⑥回転方向 [～時～分方向]	ボールが回転する方向。時計に見立てて示される。 12時がバックスピンのタテ回転。 ６時がトップスピンのタテ回転。
⑦リリース位置（高さ） [m]	地面からのリリース位置の高さ。
⑧リリース位置（横） [m]	プレートからのリリース位置の横位置。
⑨ボールの変化量 （上下の変化量）[cm]	ボールが回転しなかった場合（自然落下した場合）と比較した、上下方向の変化量（伸びの量、落ちの量）。
⑩ボールの変化量 （左右の変化量）[cm]	ボールが回転しなかった場合（自然落下した場合）と比較した、左右方向の変化量（伸びの量、落ちの量）。
⑪ボールの到達位置 [cm]	ボールが到達した位置。

響を大きく受けます。

回転方向が傾けば、例えば右投手から見て右に傾けば、ボールは回転の影響で右側に変化します（＝シュート）。本当の縦のバックスピンをボールにかけると12時の回転方向になり、伸びていくボールになりますが、実際には、かなり上から投げるオーバースローの投手でも、12時よりは約20度右に傾いた12時40分程度の回転方向になることが多いです。必然的にほとんど全ての投手のストレート（と呼んでいるボール）はシュートします。ラプソードでは、ボールが無回転だった場合の軌道から「回転の影響を受けてどれだけ変化したか」が示されます。回転の影響を受けて、ボールの軌道が伸びてシュートしたイメージを図4に示します。

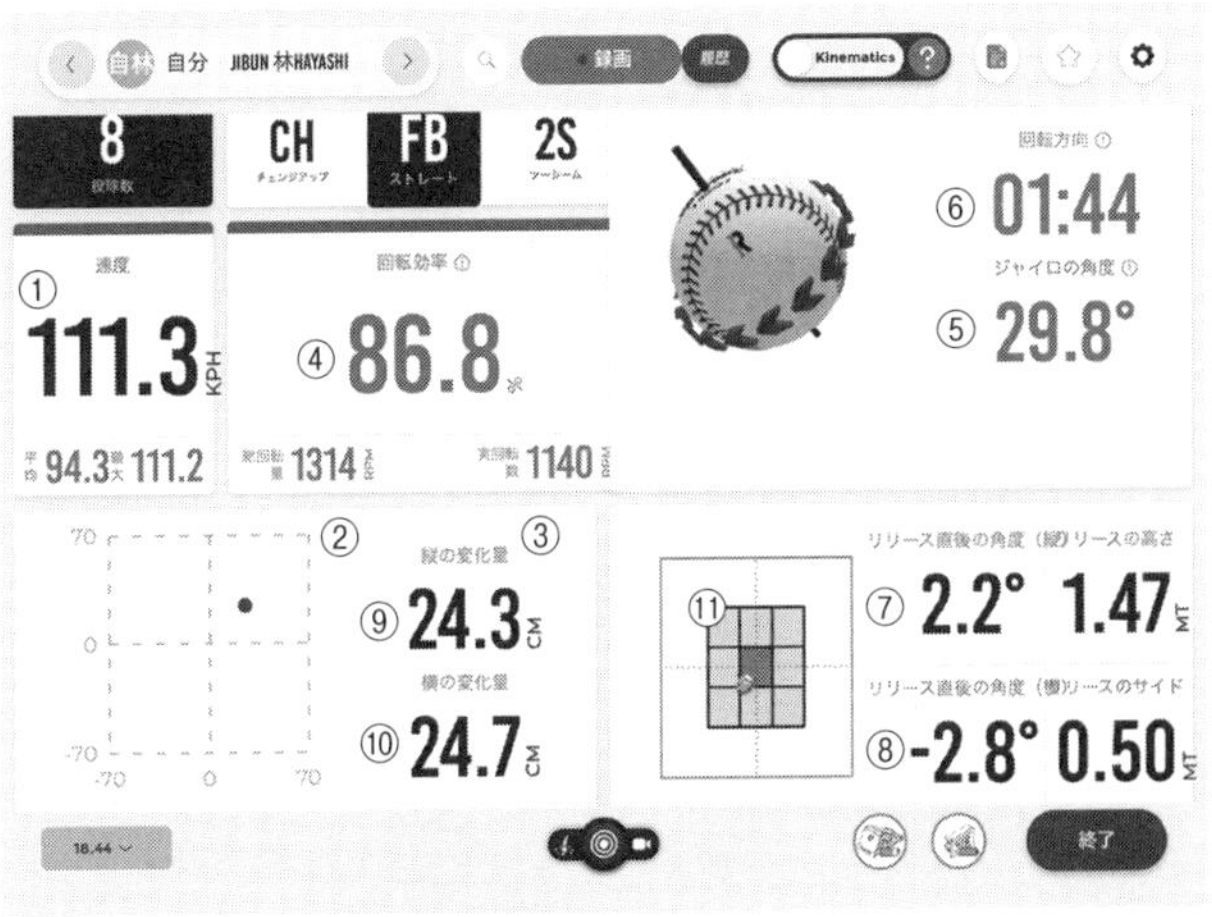

図３　ラプソードの計測画面

ボールの変化：有効回転数の影響

ボールの変化量は、有効回転数、ジャイロ角度の影響も大きく受けます。

回転数が多くても、ボールの進行方向と回転軸が近ければ（ジャイロ角度が大きければ）、ボールの変化量に影響を与える回転数（有効回転数）は少なくなります（表2）。例えて言うと、タイタニックで主人公のカップルが舳先で正面から風を受けるシーンをイメージしてください。正対していれば、風の影響を大きく受けます（≒ジャイロ角度：0度）。この時、回転効率は100%、回転数＝有効回転数です、真横を向けば風の影響が少なくなります（≒ジャイロ角度：90度）。この時、回転効率は0%になり、有効回転数は0にな

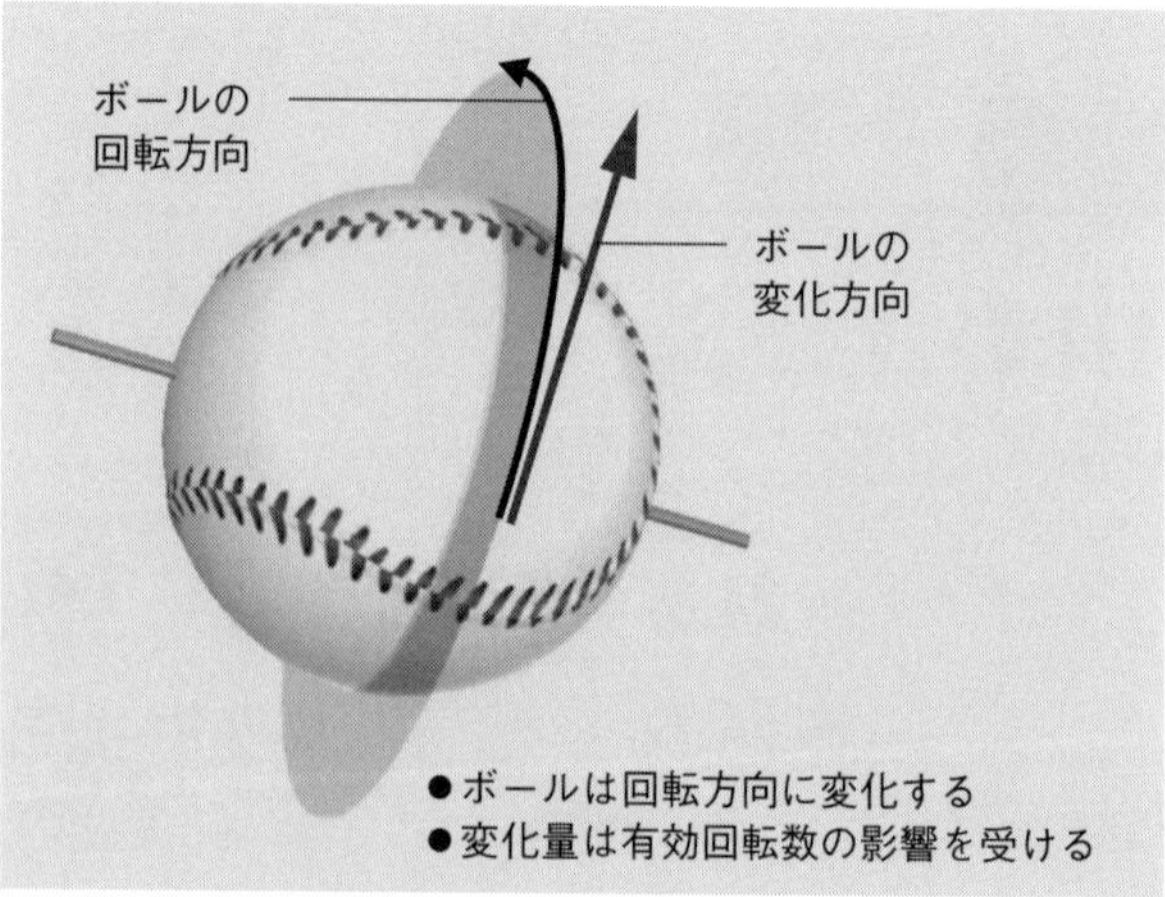
ボールの
回転方向
ボールの
変化方向
●ボールは回転方向に変化する
●変化量は有効回転数の影響を受ける

図4　ボールの回転方向と変化量

表２　ジャイロ度と有効回転数（出典：Hiro's LAB）

回転数 [rpm]	ジャイロ角度 [度]	回転効率 [%]	有効回転数 [rpm]
2500	0	100.0	2500
2500	5	99.6	2491
2500	10	98.5	2462
2500	15	96.6	2415
2500	20	94.0	2349
2500	25	90.6	2266
2500	30	86.6	2165
2500	35	81.9	2048
2500	40	76.6	1915
2500	45	70.7	1768
2500	50	64.3	1607
2500	55	57.4	1434
2500	60	50.0	1250
2500	65	42.3	1057
2500	70	34.2	855
2500	75	25.9	647
2500	80	17.4	434
2500	85	8.7	218
2500	90	0.0	0

ります。ボールの変化量に影響を与える回転がないことから、ボールは自然落下と同じ変化になります。スライダーやカットボール、フォークボールなどではジャイロ角度が大きくなることが多く、自然落下に近づくと、人の目には「落ちた」「曲がった」ような錯覚を与えます。

講演を行なうと、選手はジャイロ角度と有効回転数の部分が難しく感じるようです。イメージがつかみやすいように、図5を示します。ジャイロ角度が0度から90度になるにつれて、回転軸が進行方向に近づいていき、有効回転数が減少することが理解しやすいと思います。

有効回転数を回転数で割ったものが回転効率（図3④）になります。ここを見ると分かりやすく、ストレートであれば、95%を超えていることが目安です。

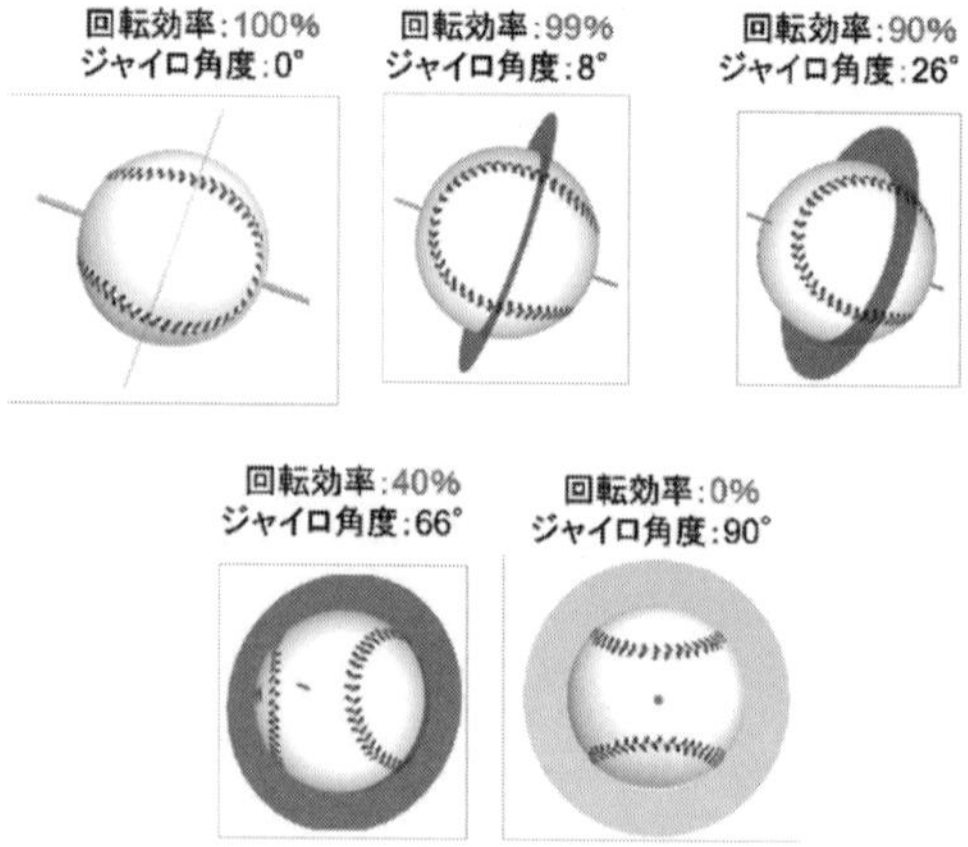

図5　回転効率・ジャイロ角度のイメージ
（回転は全て0時40分方向，ドラフト候補調査隊 武田氏提供）

ボールの回転の改善方法

回転数や回転方向、回転効率の改善や変更は、リリースの瞬間をハイスピードカメラで撮影して行ないます（図6）。カメラで撮影し、リリースの変更がボールの回転にどう反映されたかを見ていきます。ラプソード社はインサイトというリリースの瞬間をハイスピードカメラで撮影する機器を販売しています。ソニーのサイバーショット（RX10M4）やスマホの高性能カメラなどを使ったスローモーション撮影でもリリースの瞬間を撮影し、確認・改善することは可能です。ハイスピードカメラのよるリリースやボールの回転の改善や変更は、変化球でも行ないます。いずれにせよ、リリースを変化させる⇩カメラとラプソードでチェック、という作業です。

データの保存方法

計測したデータは、クラウドにアップロードします。アップロードされたデータは、投球練習日ごとにまとめられます。クラウドを確認することで、「前回との比較」や「1か月前の自分との比較」を行なうことができます。

また、「最高球速を出したボールのフォーム」等をチェックする場合、クラウドに保存されている動画で確認することができます。昔のドラゴンクエストの「復活の呪文」のように、「どんな投げ方をしていて、球速・回転数・回転効率・ボールの変化量がどうだったか」を確認できます。あとは「感覚」を言語化して残しておけば（野球日誌、ピッチングノート）、再現性を高められるでしょう。

ここで述べてきた分析をもとに、次章では投手をストレートの球質で9つのタイプに分類して解説していきます。

図６　クラウドに保管された撮影データ

Chapter 2

データが示す投手の特徴

投球タイプ1 伸び系

伸び系の投手

今永昇太、森下暢仁、トレバー・バウアー、金田正一

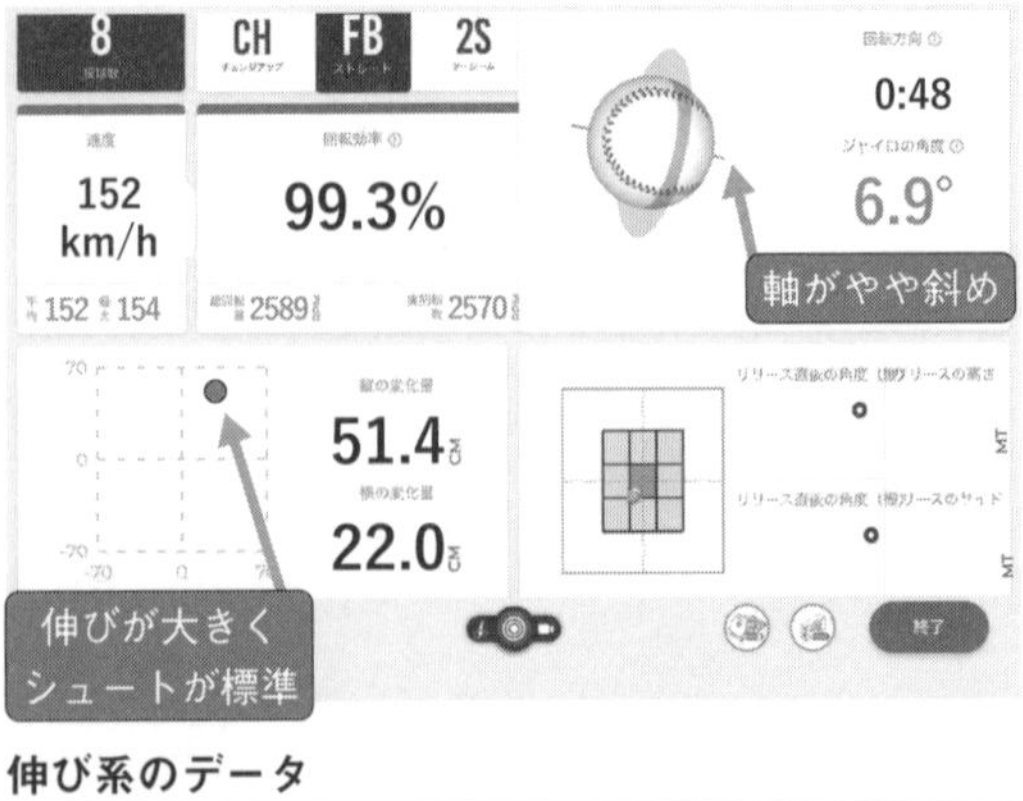

伸び系のデータ

変化量（縦）：上方 50cm 以上
変化量（横）：利腕方向 10 ～ 30cm

◆投手の特徴

まず、「伸び系」の投手から説明しましょう。これは「王道」と表現しても良い投手です。条件としては、自然落下するボールと比較して50センチ以上上方に達するボールの「伸び」があること、シュート量が10センチから30センチであることです。ただし、球速が遅いとスピンの影響がたくさん出やすくなります。球速と伸びのバランスを取って、プロ野球の投手であれば１４０キロ台後半、アマチュアでも１４０キロ以上はほしいところです。

プロ野球の代表的な存在としては、広島の森下暢仁投手が挙がります。森下投手の大学時代のデータですが、回転速度は２５００回転／分を超えています。回転軸は投手方向から見て12時30分とかなりのタテ回転で、球筋を見ると回転効率も問題なさそうです。こうなると、「回転数の多さ×回転軸のタテさ×回転効率の高さ＝ボールのホップ量」という数式で考えても、ボールはかなりホップしています。

「浮き上がるようなボール」といえば、年配の野球ファンの人であれば、〝昭和の怪物投手〟江川

伸び系の軌道（ラプソード結果画面からのイメージ図）

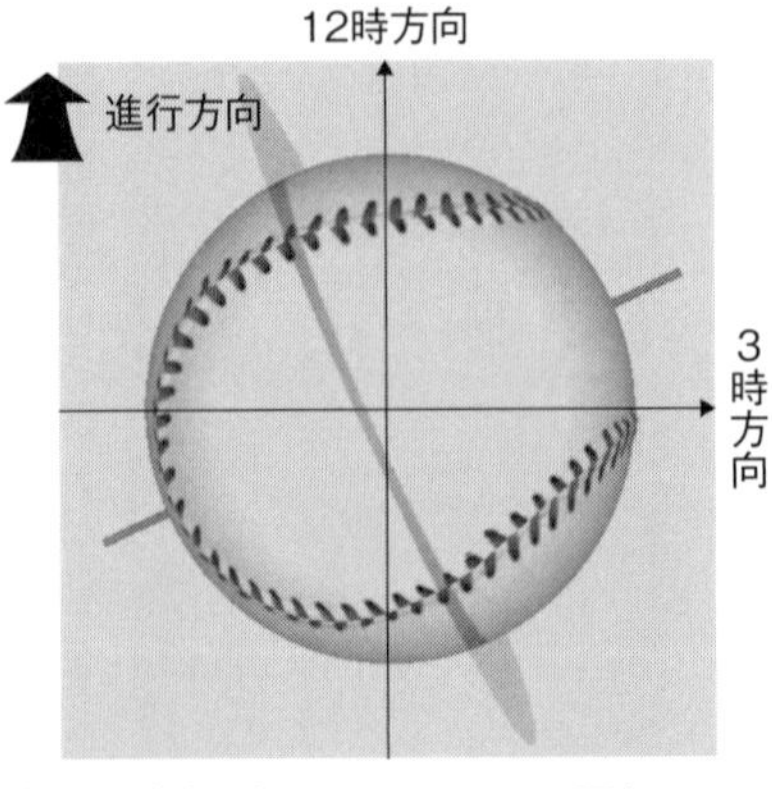

今永昇太投手のストレートの回転イメージ

卓さんのイメージが湧くかもしれません。

まさに伸び系のストレートでした。少年時代に河原で石を投げてボールに回転をかけるイメージをつかんだという逸話を聞いたことがあります。

実録漫画『江川と西本』（小学館）では、高校時代の江川さんの投球を目の当たりにした松山商業高校の一色俊作監督（当時）が「本当にボールは浮いていないのか？」と同僚の物理教師に確認をするシーンがありました。そんなふうに考えてしまうのも、よく分かる気がします。

阪神のクローザーとして活躍した藤川球児さんも、「火の玉ストレート」と呼ばれるように、かなりの伸び系のストレート投手として名前が上がります。

◆投げ方の特徴

ボールをタテに回転させたいのですから、投げ方はオーバースローが中心になります。

藤川さんは自身の投球フォームを語った際、「手首の角度」について言及されているようですが、これはかなり高度な技術だと思います。しっかりと左のわき腹が縮みながら、肩関節を回して上から投げること（いわゆる「肘が上がる」という状態）が重要です。

森下投手の投球フォームは、投げ始めからグラブを持つ左腕側の肩を下げて、右肩が上になるように投げているように見えます（図１‐１）。多彩な変化球を投げ分けることで知られる金子千尋投手（日本ハム）も同様の投げ方をします。「上から投げる」ことについては投球腕がグラブ側の方と比較して上がることになるため、ミスの少ない投げ方と言えます。

また、藤川さんは、過去に書かれた雑誌の記事に「軸足の膝を曲げないようにしたことが飛躍のきっかけだった」という発言がありました。それは「軸足の膝を曲げて押し出すように投げる」のではなく、「軸足の膝を曲げずに、右肩が高い位置を保ったまま投げる」というふうに私は解釈しています（図１‐２）。

◆相性の良い変化球

オーバースローで、腕がタテに振られるため、タテのカーブやフォークボールが投げやすい変化球だといえます。この「伸びるストレートと落ちる変化球」の組み合わせは、かなり強力な武器です。森下投手や江川さんのカーブのイメージ。あるいは、野茂英雄さんのトルネード投法で真上から投げ下ろすストレート&フォークボールの組み合わせは打者にとっては脅威でしょう。

一方では、カットボールやスライダーのような回転効率を下げた球種の投球には工夫が必要です。

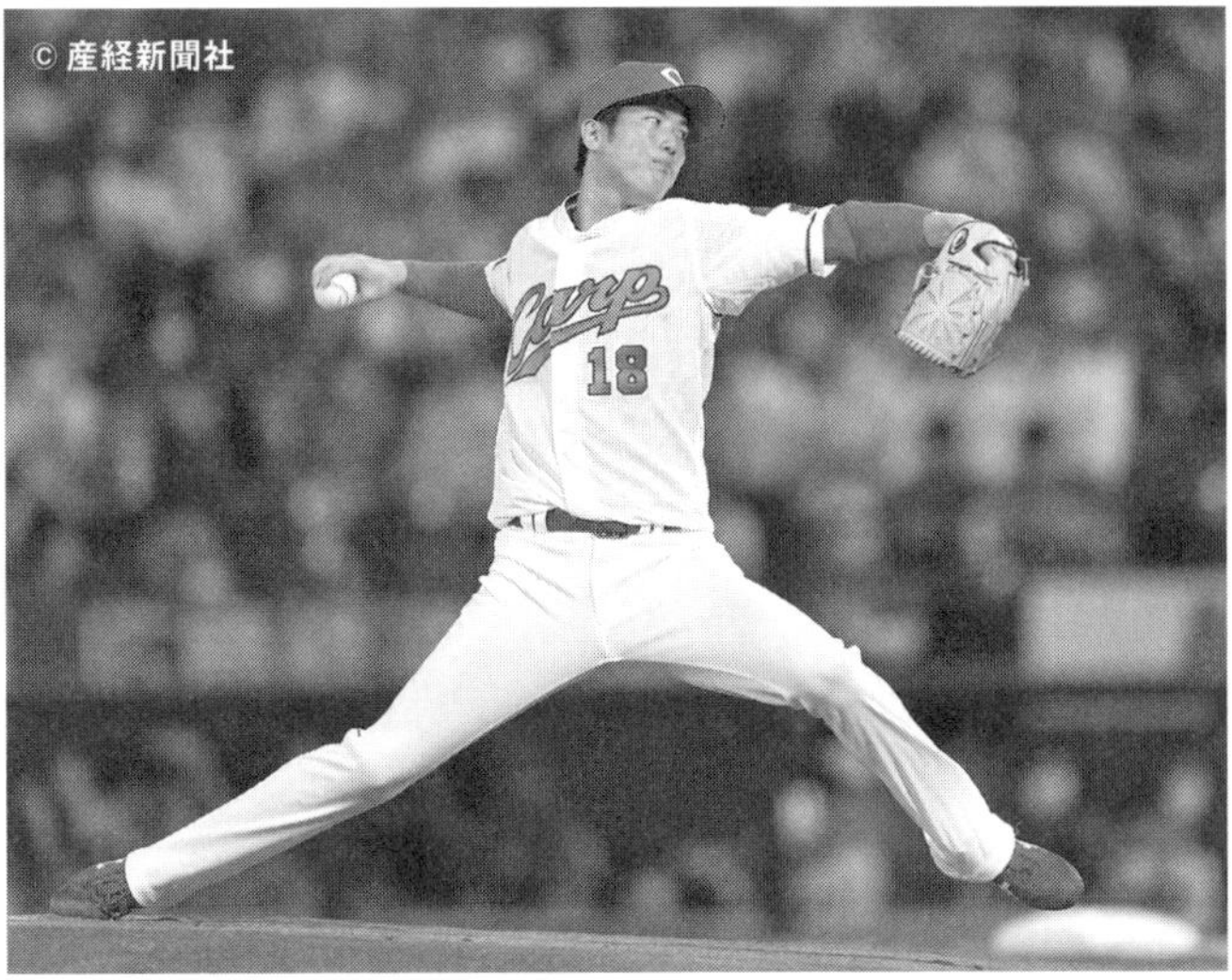

図 1-1　右肩を上げる投球（森下暢仁投手）

図 1-2　軸足の膝を曲げず、肘が上がる投球（藤川球児投手）

そもそもの投げ方との相性が良くないことに加えて、回転効率の低いボールを投げることで、ストレートにも悪影響が生じるケースがあるのです。これは、投手にとって致命傷となりかねません。

現役時代の野茂さんや江川さんが頑なに「ストレートとカーブ」「ストレートとフォークボール」にこだわったことは納得できます。

◆コーチングで注意する点

オーバースローで投げるため、「胴体と腕の角度」に着目します（図1‐3）。

「胴体と腕を絡める」「胴体と腕が絡む」という言葉で表現します。胴体がターンすることと、腕がターンすることを『はじめの一歩』でのコークスクリューパンチのイメージでリンクさせたいのです。イメージとして「胴体と腕が90度になる」ということを伝えます。逆に言えば「胴体と腕が90度になった時に、ボールは勝手に離れていく」イメージとも言えます。

オーバースローの難しさは、いわゆる「反り腰」になってしまうことです。「地面からのエネルギー、下半身のパワーを伝えるジョイント部分である股関節がしっかり使えない⇩腕だけで上から投げる」これは避けたいところです。しっかりと軸足の股関節にはまってから投げることを指導し

図 1-3　胴体と腕の角度
（上：絡んでいない。下：腕と胴体が 90 度で絡んでいる。）

ます。股関節に「はめる」とは、軸足側の股関節に右足以外の体重をしっかりと乗せ、胴体のターンに備える（＝「股関節に身体を預ける」）ということです（図1‐4）。イメージとしては、ブルース・リーが爆発的に動き始める寸前に半身になっている姿勢です。

古典的ですが、ドリル（練習方法）としては、「鍬（クワ）で畑を耕す」というものもあります。私の慶應大学時代の先輩に、樋渡卓哉さん（山梨・市川高校出身）という、タテに投げる投球フォームの投手がいました。「高校時代、イヤというほど、クワで畑を耕すドリルをやった」という話をされていました。指導者の方が、そういう練習方法の引き出しを持っていたのでしょう。ヘッドの重さを上手く使うという意味でも、良いドリルだ

図 1-4　股関節にはめる姿勢

と思います。

このタイプの投手は、四球をある程度出すことはやむを得ない面もあります。高めの伸びのあるボールを打者に振られなかった、あるいは、低めの落ちるボールを振られなかったという際には、カウントを悪くして四球になるケースが多くなります。ただし、手を出してくれた時には、三振やポップフライという〝完全アウト〟が見込めます。ですから、ハイリターンを得るためにも、四球については多少目を瞑って細かく指摘しない方が良いと思います。「出したランナー、自分で責任取ってよ」「四球4つでやっと1点しか取れないんだから、置きに行くのやめてよ」というような感じになるでしょうね。おのずと球数も結構かさんでしまうので、体力をつけるトレーニングが必要です。先発投手ならしっかりと間隔を空けて使ってあげたいところです。

遠投や長い距離のキャッチボールで球筋を確認する投手も多いようです。伸び系の投手である上原浩治さん（元・ボストン・レッドソックスなど）が遠投を重視していたということはよく理解ができます。ボールがジャイロ回転になっていないか（回転効率が低くなっていないか）、ボールの回転軸が傾き過ぎていないか、十分にスピンを与えることができているかということを、確認することができます。

ゴルフに例えると、ドライバーが曲がっていないかどうかは、練習場ではなかなかチェックできなくて、実際にコースに出て確認するしかないということと似ているかもしれません。現代では、遠投をしなくてもラプソードなどを用いてスピン量や回転軸を確認することも可能です。

◆攻略法

上下（タテ）に大きく変化する投手ですので、「高めを捨てる」「低めも捨てる」⇩「甘い高さしか振らない」という攻略方法になります。言うは易しです。前述したように、ストレートの「速さ」で空振りしているのではなく、「伸び」でアウトにされているのであれば、ミートポイントを前に置いてしまうことは効果的でないということになります。「じっくりとボールの軌道を見極めて」「ボールを長く見ろ」という方が対策としては正解なのかもしれません。大学時代に江川投手と対戦経験のある鬼嶋一司さん（元・慶應義塾大学監督）は、雑談の中で「江川と対戦する前には、スローボールを打つ練習を多くした方が良い。しっかりとためて打つことを確認するのが大事だ」と話していました。理に適った練習だと思います。

伸び系の代表的な投手である藤川さんのボールを打者が空振りするシーンの映像を見ると、バットがボールの下を通っているように感じます。ボールが「打者が普段見慣れている球（ホップ量は41～42センチ）」から、ボール2個分ほどホップするので、これは理解できます。タイミング的には、打者が常に振り遅れているわけではないようにも見えます。ボールの回転数が多く回転効率が高い伸び系のボールは、空気の抵抗をしっかりと受けているということでもあり、終速が速いとは限らないのです。ですから、「速いボール、キレを感じるボールほど長く見るイメージで」「速いボールほどゆっくり振り出す感覚で」という現場で言われるアドバイスは理に適っていると言えます。

具体的に言えば、ボールを長く見て、軌道を見極め、コンパクトなスイングで捉えるということです。スイングの計測機に『ブラストモーション』というものがあります。バットのグリップエンドに、掌に収まる程度のセンサーを付け、スイング速度やインパクトまでの時間、スイング軌道の計測ができるというものです。この機器で「インパクトまで0・14秒以内」の打者であれば、軌道の見極めが容易になると思います。

打者によっては、もし落ちるボールに脅威を感じないというのであれば、高さの甘いストレートに絞っていくことができます。

青木宣親選手（ヤクルト）や鳥谷敬さん（元・ロッテ）らプロ野球で活躍した好打者を大学時代に指導された野村徹さん（元・早稲田大学監督）は、ストレートの球質の良い好投手と対戦する際には、「ストレートの来るカウントで、ボール2つ上を叩け」という攻略法を用いていたそうです。球質によっては有効なアドバイスと言えそうです。

投球タイプ2

伸びシュート系

伸びシュート系の投手

佐々木朗希、石井一久、尾崎行雄、ノーラン・ライアン

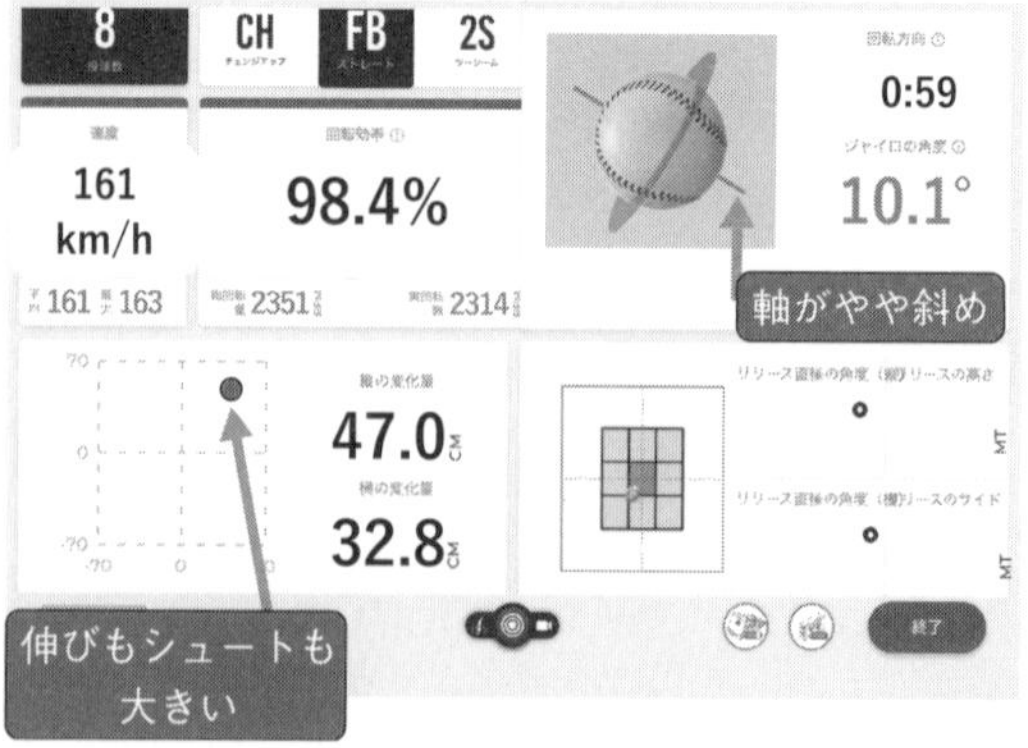

伸びシュート系のデータ

変化量（縦）：上方 47cm 以上
変化量（横）：利腕方向 30cm 以上

◆投手の特徴

伸びシュート系は、ラプソードで計測をすると、「伸びは47センチ以上、シュート量が30センチ以上」の投手となります。ボールの伸びもありますが、「シュート方向への変化量も大きい投手」ですね。よく言われる、「ボールのシュート回転」。でも、シュートすること自体は必ずしも悪いことではありません。このことは後で解説します。

佐々木朗希投手のストレートは、伸びシュートに見えます。ＷＢＣでの登板（２０２３年3月11日）では、伸びは47センチ、シュート量は32・８センチでした。ボールの回転は、次頁の図のように、少し右に傾いていることが推定されます。

武器であるフォークボールの変化量は、伸び１・６センチ、シュート２・７センチでした。ストレートとのギャップは伸びで45・４センチ（ボール６個分）、シュート量は45・４センチ（ボール６個分）と大きくなっています（表２-１）。ストレー

表 2-1　佐々木朗希投手のストレートとフォークボール

球種	球速 (km/h)	伸び (cm)	シュート (cm)	回転数 (毎分)
ストレート	161.0	47.0	32.8	2351
フォーク	144.4	1.6	2.7	1047
差	16.6	45.4	30.1	1304

伸びシュート系の軌道（ラプソード結果画面からのイメージ図）

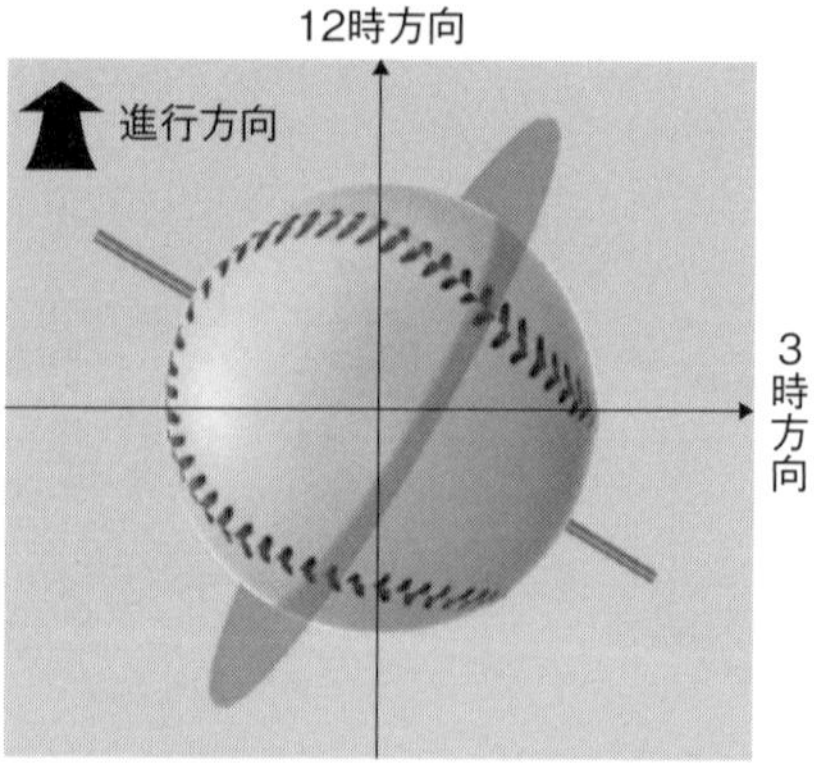

佐々木朗希投手のストレートの回転イメージ

トの平均球速は161キロ(!)、フォークボールでも144・4キロですので、打者がボールを見極める時間は少なく、攻略が難しいことが分かります。

佐々木投手は、恐らく余力を残していると思います。170キロを投げる余地は十分にあるのではないかと見ています。2022年シーズンの佐々木投手の平均球速は158キロを超えており、155キロ程度のボールであれば、8割程度の力で投げることができるのではないかと見ています。佐々木投手の入団時に投手コーチを務めていた吉井理人さんは、著書『投手論』の中で、ストレートを力の入れ加減(100%、80%、75%)で3種類に区別し、80%のストレートを多用することを勧めています。投手自身の感覚としての力の入れ具合(「主観的努力度」と言います)と投球速度やコントロールについて研究した論文もあり、100%の力の入れ具合では、球速もコントロールも良い結果にはなっておらず、昔からある「力を抜け」といったアドバイスや吉井さんの勧める「80%」を裏付けているのではないかと思います。研究によると、球速とコントロールにはトレードオフの関係になる可能性が指摘されています。つまり、「自分の最高球速で投げたボールはコントロールしづらい」ということです。私は投手のコントロールに関する研究を進めていますが、やはり投手は慎重にコントロールを狙う際には、球速を落として狙う傾向があるようです。吉井さんの勧める「80%」は、投手にとって不安もありますし、球速も少し落ちると思われます。佐々木投手の場合は、80%で3~4キロ球速を落としたとしても、155キロを出すことができる。しかもその

155キロは「コントロールしやすい力加減の155キロ」になっている。佐々木投手が、ヒットを打たれないだけでなく、四死球が一つも許されない完全試合を達成できるコントロールを備えていることも納得できます。コントロールの良さには、体重移動の方向の良さ（捕手方向にラインができていて、左右ブレが少ない）や投球フォームの素晴らしさも影響していると思いますが、「力加減」も大きく影響しているように思います。また、故障のリスクを低減させる意味でも、吉井さんの「80％」アドバイスは的を射たものだと思います。前述の著書の中で、吉井さんはバートロ・コロン投手（元ニューヨーク・メッツなど、メジャーリーグ通算188勝）が、ストレートと2シームを組み合わせた投球を行ない、80％の力で投じる質の良い155キロのストレートが有効であったことを例に挙げ、一流投手は程良く力の抜けた状態で試合に臨んでいると述べています。吉井さんは、投手としての理想の力加減を、佐々木投手に伝えたのかもしれません。

東北楽天イーグルスで監督を務めている石井一久さんも伸びシュート系の投手であったと思われます。現役時代は日米で活躍した大型左腕です。足を上げる際に右膝をカチッと腕とぶつけて独特のタメを作り、そこからステップして力強い体重移動。スリークォーター気味に投げるフォームから剛速球を投げ込んでいました（図2-1）。

他に挙げるとすれば、石井さんと同じ時期にヤクルトで活躍した〝高速スライダー〟の伊藤智仁さん。さらに時代を遡ると、台湾代表のエースから西武にスカウトされ来日し〝オリエントエクスプレス〟と異名を取った郭泰源投手（元・西武）。浪商高校（現・大阪体育大学浪商高校）2年生の夏に甲子園優勝し、そのまま高校を中退して東映フライヤーズ（現・日本ハム）に入団。プロ1年目から20勝を挙げ〝怪童〟と呼ばれた尾崎行雄さん。こういった伝説の速球投手も、現役時代のボールを見たところ、この「伸びシュート系」に分類されます。

メジャーリーグの通算最多奪三振記録を持つ、日本でもおなじみの大投手ノーラン・ライアンさんも、伸びシュートに分類できそうです。ビデオ『ノーラン・ライアン物語　豪

図 2-1　スリークォーターのシュート系のフォーム
（石井一久投手）

速球のスーパーエース』では、ライアンさんの生い立ちやトレーニングの風景が収められています。擦り切れるほど私も見ましたが、その中で、ライアンの球質を分析しているシーンがあります。１９９１年発売のビデオですので、細かな分析ではありませんが、ライアンさんのボールの伸びについて触れています。球筋や、必ずしも真上から投げているわけではないことや、右足の残り方を見ると、シュート量も大きかったと推測します。チェンジアップが素晴らしいボールであったことも納得です。このビデオの中で、ライアンさんのすごさを周囲の人々が語るシーンがあります。〝チェンジアップにタイミングを崩されて泳いで空振りした。スピードガンを見ると１４４キロだった〟と語っています。今では、佐々木投手のフォークボールが１５０キロを計測しても驚かれませんが、ストレートが１００マイル（約１６１キロ）を記録することが極めて稀だった頃、１４４キロの変化球（チェンジアップだったということもあります）が驚きをもって迎えられていたことに隔世の感を覚えます。

◆投げ方の特徴

伸びシュート系の投手は、腕の出てくる高さがオーバーハンドよりもやや下がるスリークォーターの投手に多く見られます。右投手であれば、右腕が右肩から生えている限り、右腕の角度は時計の12時の方向からは外れて、やや（投手側から見て）右側に傾きます。右側に傾いた回転軸に、勢い（スピード）と、回転を与えれば、ボールは右側に進む、つまりシュートするということになります。

スリークォーターの投手の割合というのは意外と多く、イコールこのエリアに分類される投手は多いということであり、そこに回転数・回転効率が伴えば、伸びシュート系の投手は数多く存在していることになります。

◆相性の良い変化球

スリークォーターから投げると、スライダー・カット系が投げやすい変化球になります。ただ、これは「投げやすい」というだけで、打者から見て「打ちづらい」ことになるかどうかは微妙なところです。

巨人で4番を打ちニューヨーク・ヤンキースなどでも活躍した松井秀喜選手が、ルーキーだった頃、石井一久さん（当時・ヤクルト）のカーブ（投げた投手のイメージとしてはスライダー？　スラーブ？）に対して、しゃがみ込むようにして避けたらストライクだったシーンがありました。普通に考えたら、タテのカーブやスライダーであれば、あの避け方はしなかったはずです。「頭に当たる」

と思ったところから、大きく斜めに曲がってストライクになったということだと思います。スリークォーターの投手は、ああいう「斜め系の曲がり球」が投げやすい傾向にあります。

ただ、「伸びシュート」と「斜め系の曲がり球」は、ボールの変化量を見ると、同じラインにあります。

つまり、打者から見ると「一本の線の中で対処できる変化球」と言えるかもしれません。これを打ちづらくするには、「スライダーと逆方向に曲がる変化球」があると有効です。具体的に言えば、チェンジアップや沈む系のツーシームをマスターできると、打者は複雑な対応が迫られます。

◆コーチングの注意点

伸びシュート系の投手は、投法的には多いタイプの投手です。裏を返せば「打者も結構見慣れている」ともいえます。伸び系のストレートを投げる投手と比較すると、ホップ量がある程度制限されるためストレート自体で空振りを多く取ることは難しいタイプともいえます。球質的には「見慣れている」ボールを、それでも打ちにくくする方法の一つは、球速を上げることです。ボールが遅くなると打たれるし、フライ系の打球が増えると長打になる危険性がある投手という見方もできます。佐々木投手のストレートは速く、尾崎行雄さん、石井一久さん、ノーラン・ライアンさんらは、いずれも球速のあるストレートを投げるピッチャーでした。

しかし、このタイプの投手は、「斜め系の曲がり球」を投げるのが苦手であれば、試合での登板機会はかなり限られます。「斜め系の曲がり球」を投げることができれば、球威が落ちない短いイニングのリリーバーに、「スライダーと逆方向に曲がる球」をマスターしていれば、先発投手タイプにもなり得ます。佐々木投手のフォークボール、ライアンさんのタテのカーブは、打者からすると、様々なスイングを用いて対応しなければならない厄介なボールであり、なかなか捕まえられない間に試合が進んでいきます。

また、球速が落ちると、リスクも高まるタイプですので、コンディションを十分に調えて起用したいところです。故障へのリスク管理についても見逃せません。球速の速さのリスクに加えて、スライダー系の変化球の多投は、私自身の経験的にも肩肘への負担が大きく、より注意が必要です。

投手が打たれたとき、「シュート回転して甘く入った」と解説などで指摘されることがよくあります。しかし、実際に計測をしてみると、どこに行こうとその投手のボールの変化量に差はないことが分かります。不思議な感覚もしますし、実際に自分が投げた際や、コーチングをしていると、ボール球の方がよく曲がるような気もしますが、恐らく〝錯覚〟ということなのだと思います。狙ったところに投げられなかった際に、投手が「あ、シュートした（だから狙ったところにいかなかった）」ということがありますが、「違うよ。投げ出しから間違えている」「シュートじゃなくて〝抜け〟なんだって」と指摘をすることがあります。

伸びシュート系の投手は、シュート量に注意をして、右投手対右打者のアウトコース低め、左打者対左投手のアウトコース低めにしっかりコントロールしておくことが重要です。ミスをした時には、コースも高さも間違えれば真ん中に行くので、ホームランになりやすいタイプでもあります。このことを私は「A（アウトコース低め）を狙って、B（真ん中）に行ったらホームラン」といって注意をするようにしていました（図2－2）。

図2-2　ボールが抜けて甘く入る

◆攻略法

伸びシュートのストレートだけであれば、（右投手であれば）「三塁側高めに抜けるボールに手を出さず、真ん中近辺のボールをしっかり狙え」と指示を出します。

しかし、「斜め系の曲がり球」をしっかり投げられるようであれば、「三塁側高めに抜けるボールに手を出さず、アウトコース低めに外れていく変化球にも手を出さず、真ん中近辺のボールをしっかり狙う」と条件が一つ加わります。

そして、「スライダーと逆方向に曲がる球」をマスターしているようであれば、攻略はより困難になります。その場合は、「球数を多く投げさせて、球速の低下を待つ」ということも作戦の一つとなります。球速が重要なタイプだからです。

ストレートで空振りを多く奪われるようであれば、攻略はより難しくなり、ロースコアのゲームを覚悟するしかありません。

投球タイプ3

伸びスラ系

伸びスラ系の投手

湯浅京己、マリアーノ・リベラ、吉田輝星、村上頌樹

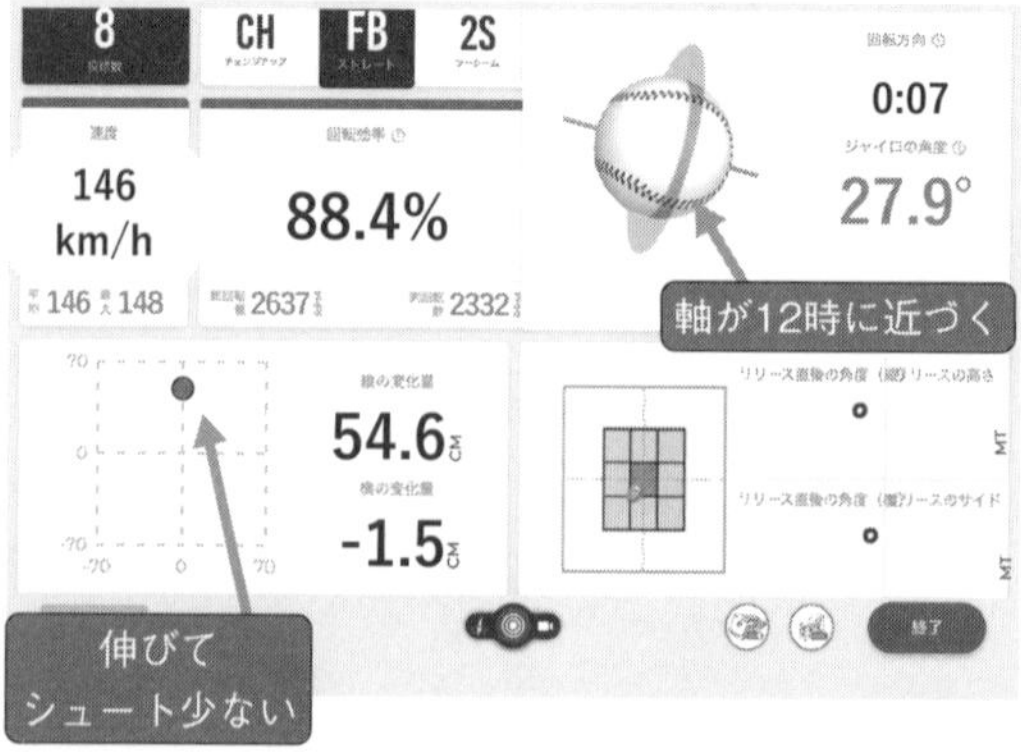

伸びスラ系のデータ

変化量（縦）：上方 47cm 以上
変化量（横）：利腕方向 8cm 以下

◆投手の特徴

このタイプの投手は割合としては少ないですが、代表格として、ニューヨーク・ヤンキースで長くクローザーとして活躍したマリアーノ・リベラさんの名前がまず挙がります。

ラプソードの計測上では「ホップ量が47センチ以上、シュート量が8センチ以下」のボールと定義づけします。「伸びスラ」と表現していますが、実際には「ほとんどシュートしていない」ボールとも言えます。

WBCで活躍した湯浅京己投手（阪神）も伸びスラ系です（WBC日本ラウンドでは、伸び：47・1センチ、シュート：7・2センチ）。金足農業高校で甲子園に準優勝し鳴り物入りでプロ入りした吉田輝星投手（日本ハム）が一軍デビューした試合で、対戦した広島の選手たちが「〝真っスラ〟している」と評価したそうですが、シュート量が少なく、普段見慣れているストレートと比較して「スライダーに近いボール」と感じた可能性があります。

このボールは打者にとって見慣れていない球という要素もあって、かなり打ちにくいものです。その一方で、実は投じることが難しいボールでもあります。カット気味に投げると、普通は回転効率が下がってボールの変化量が少なくなりがちです。カット気味に投げて、なおかつボールが大き

伸びスラ系の軌道（ラプソード結果画面からのイメージ図）

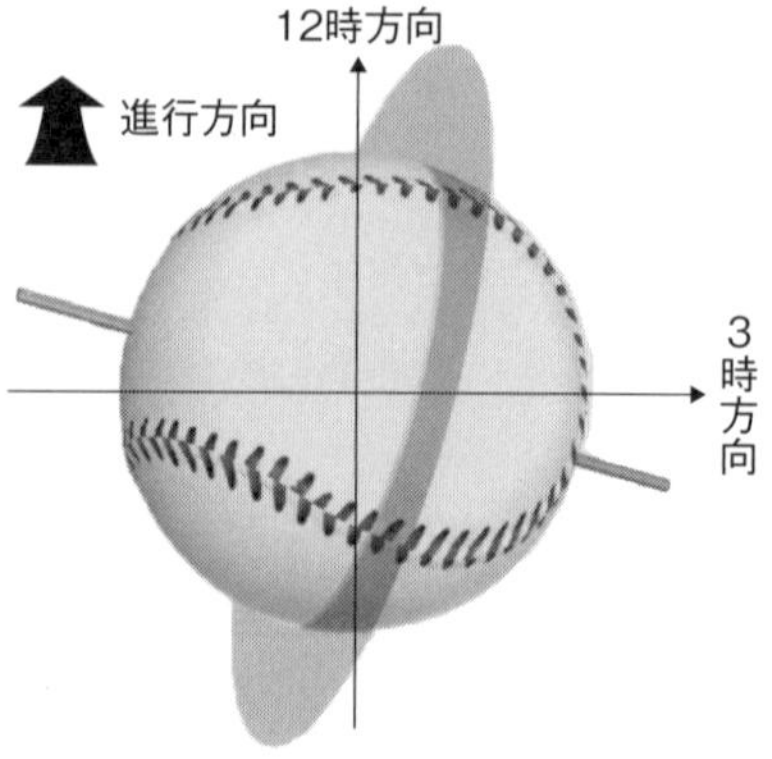

湯浅京己投手のストレートの回転イメージ

く変化をする、というのは「矛盾を克服するボール」と言えます。

◆投げ方の特徴

基本的にはオーバースローの投手です。スライド成分に加えて、伸び系の要素をだすためにはオーバースローの方が相性が良いということですね。

◆相性の良い変化球

もちろんカットボールとの相性は良いです。むしろリベラさんのボールは、ストレートではなくカットボールと言ってしまっていいのかもしれません。

図 3-1　腕の振りと逆方向に曲がるシュート系の変化球

そして、伸びスラ系のストレートと対になるボール（球種で言えば、ツーシームやチェンジアップといったシュート系の変化球）を投げることができれば、腕の振りの方向とは異なる方向にボールが曲がり、かなり打ちづらくなります（図３－１）。

◆コーチングの注意点

このタイプの場合、打者をアウトに取る方法は「詰まらせる」「泳がせる」の２パターンしかないと思います。「内に速く高く、外に遅く低く」は、よく言われている配球の基本ですが、「詰まらせる」「泳がせる」に合致した言葉と考えられます。

伸びスラ系のストレートは、左打者のインコース高めに「詰まらせる」狙いで投げる絶好のボールです。この場合は、「低めに制球する」という必要はないボールだという注釈を付けたいところです。伸びスラ系の投手の長所をつかみ、長所を生かしたい。ただし、「詰まらせる」狙いで投げるため、球速がある程度なければ打者にとっての脅威も半減してしまいます。

右打者に対しても、高めに投げることが有効になります。腕の振りの方向にコントロールが乱れやすい傾向があることは分かっています。コントロールの乱れを狙って、打者はスイングを入れるわけですが、オーバースローで投げて、アウトコース高めにボールが行くことは、打者にとっては想定しづらい軌道だと思われます。そうなると、右打者が高めを意識した後に、対になるシュート系のツーシームやチェンジアップが生きてきます。サッカーで、ボールが動いているサイドに相手守備陣が集まることで、スペースが空いた逆サイドに展開して攻め込むイメージです。

そう考えていくと、伸びスラ系のストレート自体が大きな武器であり、多くの球種をマスターするよりも、武器を活かす変化球に絞ることをお勧めします。それは、マリアーノ・リベラさんがほとんど伸びスラ系のボールだけで長く活躍したことからも理解できます。

◆攻略法

高めのコースのスイングを技術的にマスターした選手でなければ攻略は難しくなります。コンパクトなスイングで、いわゆる「大根切り」や「カット打ち（斜め上からバットを入れるような打ち方）」にならないようにして、高めをしっかりと振っていきたいですね。往年のスラッガー、掛布雅之さんや門田博光さんのようなスイング、イチローさんが高めのボールをホームランにするようなスイング（あくまで理想ですが）をマスターしたいところです。

山本浩二さんのスイングも素晴らしい。なぜ高めを振るスイングが必要かというと、ホップ量が大きいボールが高めにくると、アッパースイング気味で振っていては間に合わないということだと思います。もちろん「最短距離」ではないですが、短い時間で胴体のターンと腕のターンを上手くリンクさせて（絡ませて）、スイングを加速する技術があるということだと思います。この技術を、私は「外し」と呼んでいます。この「外し」ができるとバッティングもスローイングも飛躍的に向上します。王貞治さんが極端なダウンスイングで練習している映像が残っています。当然ですが良いスイングをされています。恐らく、極端な高めを振るという負荷をかけて、私が考える「外し」の練習をしていたと推測します。フライボール革命によって、アッパースイング気味のスイングが奨励され、そのことでいたちごっこが起こって、かえって高めに投げることが有効になるとすれば、その高めを打つためにはかつての大打者たちの技術が見直されることになるかもしれません。

話がそれました。伸びスラ系のボールを投げる投手は、右投手対左打者、左投手対右打者の対決になると特に打者のグリップ側にボールが向かってくることになります。その時、かつての大打者たちの高めを打つスイングが必要になります。イチローさんが、２００９年9月19日にリベラ投手から打ったサヨナラホームランは、最初から高め用のスイングを入れるつもりだったように見えます。吉田正尚選手（ボストン・レッドソックス）が、打席に入る前のルーティンで、高めの素振りと低めの素振りをする場面を見たことがあります。これは、打ち方を高低で区別しているということであり、投手の球質や球種によって少なくとも2パターンのスイングを使い分けているということだと思います。逆に言えば、投手は1パターンのスイングで対応できないような球質や球種を投手は投げたいということです。それが、「対になる変化球」であるシュート系・落ちる系のボールを投げるということです。

もう一つは、高めのボール球を振らないことが大事です。「高めのボールにしっかりとスイングを入れるつもりで、しかし高めのボール球を振らない」というのは相反する動きでもあり高等技術です。しかし、この高等技術がなければ、伸びスラ系の投手の攻略は困難になります。

伸びスラ系のストレートに対しては、右投手対右打者、左投手対左打者が苦にならないことがあります。打者から遠ざかっていくようなストレートになるためです。

投球タイプ4 標準系

山本由伸投手

標準系の投手

山本由伸、奥川恭伸、伊良部秀輝、デグロム

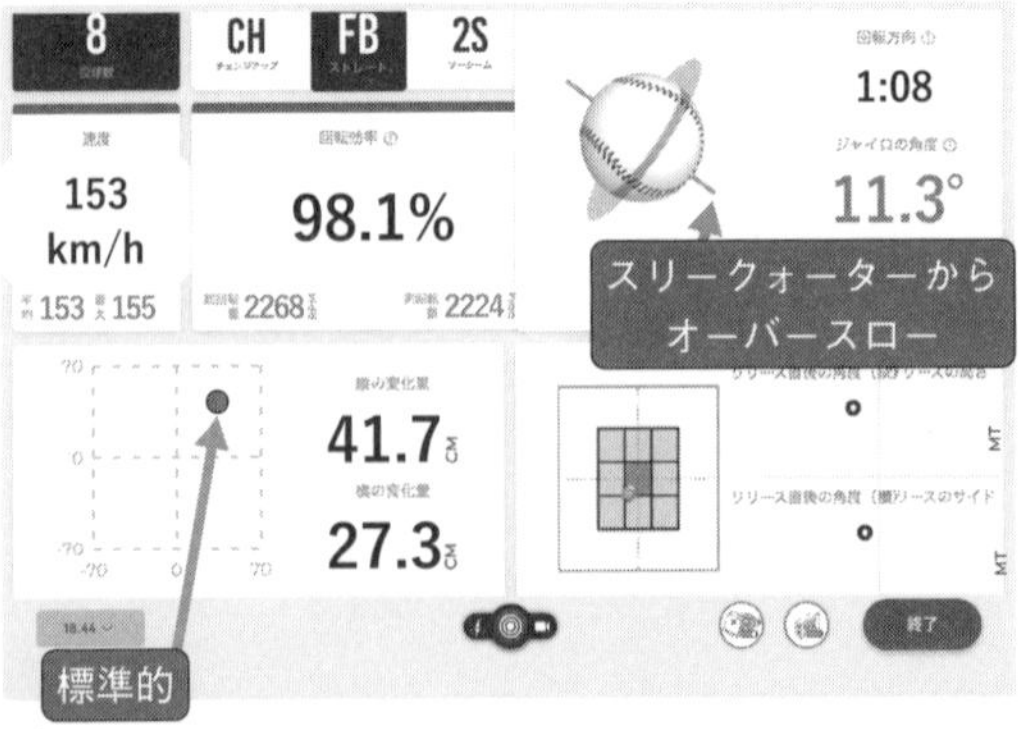

標準系のデータ

変化量（縦）：上方 39 ～ 45cm
変化量（横）：利腕方向 10 ～ 30cm

◆投手の特徴

標準系の投手です。「標準」と言うくらいですから、このタイプの投手は当然かもしれませんが数多くいます。ラプソードで計測すると、「ホップ量が39〜45センチ、シュート量は10〜30センチ」の投手とします。

山本由伸投手（オリックス）のストレートは意外かもしれませんが、標準系です。ＷＢＣ日本ラウンドでは、伸びは43センチ、シュート量は28・5センチでした。ＷＢＣのデータを見るまでは、「伸び系か伸びシュート系だな」と思っていたので、意外でした。球速は平均１５４キロと速く、高速変化球（カットボール１４９キロ、スプリット１４５キロ）にカーブもコントロールの良さもあり、攻略困難な投手です。仮に山本投手のストレートが１４８キロであれば、プロ野球の打者にとっては、「見慣れた打ちやすいボール」に感じるでしょう。

ヤクルトの次世代エース奥川恭伸投手も、「標準系」の枠に入ると思われます。神宮球場に設置されたホークアイの計測では、41センチ程度の伸びでした。ホークアイ（Hawk-Eye）とは、球場に設置された高性能カメラが投球・打球を捉え、速度や回転数、回転の方向や軌跡を明らかにするシス

標準系の軌道（ラプソード結果画面からのイメージ図）

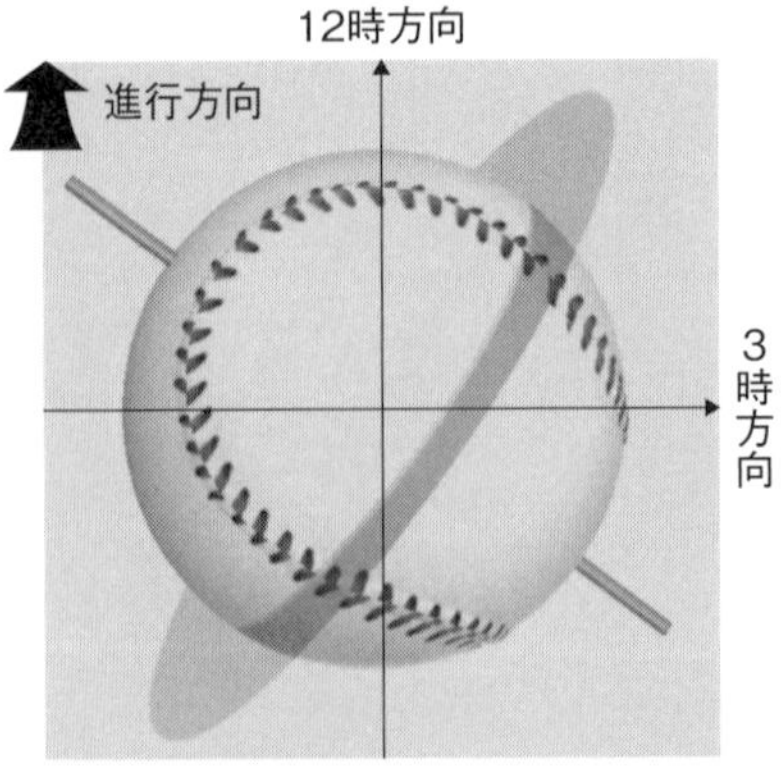

山本由伸投手のストレートの回転イメージ

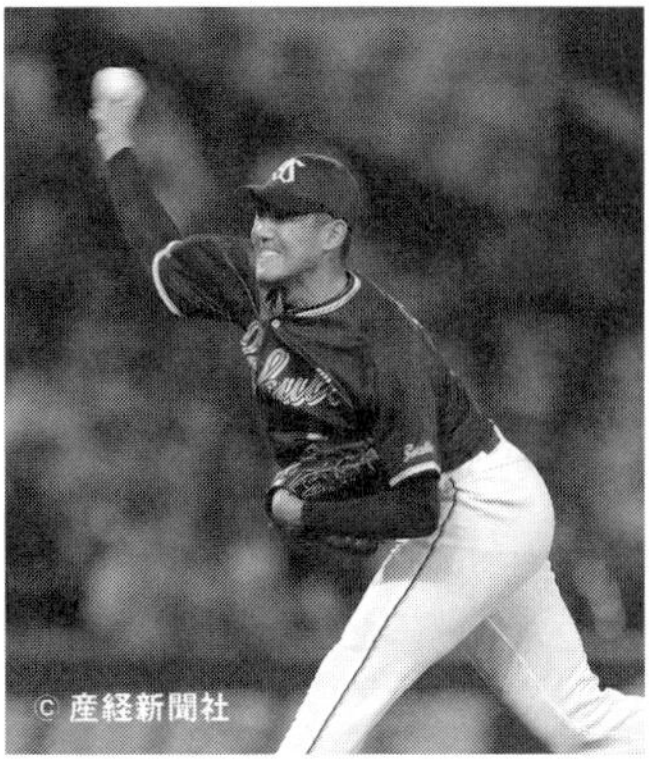

図 4-1　球持ちの良い投球（奥川恭伸投手）

テムです。メジャーリーグでは、全30チームのホーム球場に設置され、選手やバットの動きの分析や、審判のビデオ判定にも活用されているそうです。

　奥川投手の高校時代、侍ジャパンの一員として出場した2019年の『WBSC U-18ベースボールワールドカップ』を観戦した際に、ブルペンでの投球を真後ろで見る機会がありました。まさに「空気を切り裂くような快速球だな」と感じました。いわゆる初速と終速の差を感じさせないストレートです。これは、回転数がそれほど多くなく、ホップ量やボールの変化量が多くないことにも起因しているのかもしれません。

　奥川投手の高校時代の回転数は2200回転／分でした。プロ2年目になる2021年では、2190回転／分であり、ホップ量は43・5センチ。

いずれもチーム平均を下回っていました。奥川投手の長所は、捕手寄りでボールをリリースできること。いわゆる「球持ちの良さ」です（図4－1）。プレートから捕手寄りに2・1㍍のところでリリースできていて、これはチーム平均1・97㍍を上回っています。コーチングをしていて、2㍍を超えるリリースポイントで投げている投手がいると、「かなり打者に近づいているな」と感じますが、奥川投手はこれを達成しています。

　日米で活躍した伊良部秀輝さんは、かつて日本人最速を記録した速球投手でした。しかし、最初は150㌔を超える速球を投げていても、バットに当てられたり、打たれたりしていたようです。そんな時にチームの先輩投手である牛島和彦さんのアドバイスを受けて、ボールを打者寄りでリリースすることを意識し、それができるように

図4-2　割れのフォーム（伊良部秀輝投手）

なってからは成績が一気に向上したようです（図4－2）。このエピソードを聞いても、伊良部さんのストレートには、「速くて、球質にはそれほどの特徴がなかった」ということが推測できます。

メジャーリーグ最強投手と呼ばれるテキサス・レンジャーズのジェイコブ・デグロム投手もストレートの球質は標準的。平均球速は159・1キロと高速です。見ていて気持ちが良い快速球です。スライダーも、まさに「えげつない」ボールです。投げるポイントも素晴らしい。「どうやって打つの？」と打者に聞きたくなる投手です。球質は平均的でも、球速の速さがデグロム投手の強みの一つです。

◆投げ方の特徴

どちらかというと「オーバースロー」的なオーソドックスな投げ方です。スリークォーターよりはオーバースローに近く、かといって広島の栗林良吏投手やトルネード投法の野茂英雄さんのフォームよりは肘の位置が上ではないというイメージです。

きれいな投げ方、お手本となるような投げ方をする投手が数多くいます。それは同時に、打者にとっては「よく見慣れた投げ方」「威圧感のない投げ方」となる可能性もあります。

私がコーチングをする際には、伊良部さんのフォームをお手本で示すことがよくあります。足を挙げたエネルギーを使って、捕手寄りに身体が移動し、下半身はターンに入りながら、胸から上はサードコーチャーの方向を向いたまま。いわゆる「割れ」（ねじれ、セパレーション）ができて、身体が順番に使われて最後にクルっとリリースする。素晴らしいです。逆に言えば、「ちゃんと投げられなければ打者も打ちやすい」タイプといえます。

◆相性の良い変化球

シュート量もやや増えますが、スライダー、フォークボール、チェンジアップ、シュート系など様々な変化球が投げやすい投手です。逆にいえば、多彩な球種を投げなければ、球種を絞られたら打たれやすくなってしまう投手であるとも言えそうです。とくに右投手の場合は、球種の組み合わせが必要になります。フォークボールやスプリットの「挟む系の落ち球」をマスターすることで飛躍するケースが多いように感じます。スライダーは、「すごく曲がる」というタイプではありません。もしスライダーを決め球にするならば、タテ気味のスライダーにしたいところです。

◆コーチングの注意点

打者にとっては、「見慣れたフォームから、見慣れた球質のストレート」が来るため、ストレートの球質以外の球種の組み合わせが必要になります。変化球との組み合わせに加えて、前述の奥川投手、伊良部さんのような「球持ち」、デグロム投手の「速さ」など、打者から時間を奪う方法が重要になります。

また、いわゆる「開く」ことを戒めるアドバイスを行ないたくなるタイプの投手が多くいます。開いてしまって、なおかつ打者から遠くでリリースをしてしまうと、打者の時間を奪うことが難しくなります。「身体を順番通りに使って、開かず、捕手寄りでリリースする」ことが求められます。あるいは、１５０キロを超える平均球速で、「速さ」で圧倒してしまうか。

このタイプの投手は、やることが多くあります。スライダー系、落ちる系、シュート系の変化球を揃えておいてほしいのです。また、クイックやフィールディングに難があってはいけません。バッティングカウントでストレートを狙われた場合には捉えられるリスクも大きいので、「カウントとケンカをしない」ような変化球のコントロール、投球術も求められます。コーチングを行なう際には、優先順位を決めながら一つ一つクリアしていくことが必要になります。

クリアすべき項目が多いため、教える側からしたら、「センスの良い」タイプの投手であってほしいところがあります。このタイプのデグロム投手は好打者です。これは彼の野球センスの良さを表わしているエビデンスかもしれません。

◆攻略法

球質自体は普通であるため、「速さ」「球持ち」にどう対応していくかが重要になります。基本的には、バッターボックスの一番後ろに立ちたいところです。もし「ストレートを投じてくるカウント」を読むことができれば、「１・２・３」で対応することもできます。ストレートへの空振りの可能性は比較的低く、ストレート・エンドランやランエンドヒットを仕掛けやすい投手でもあります。

ただし、カットボールやスプリット、ツーシームがストレートに近い速さになってくると、攻略が困難になります。それはアマチュアであれば１４０キロ以上の変化球。プロ野球では１５０キロ近くの変化球が目安です。

投球タイプ5 標準シュート系

戸郷翔征投手

標準シュート系の投手

戸郷翔征、菊池雄星、ランディ・ジョンソン、村田兆治

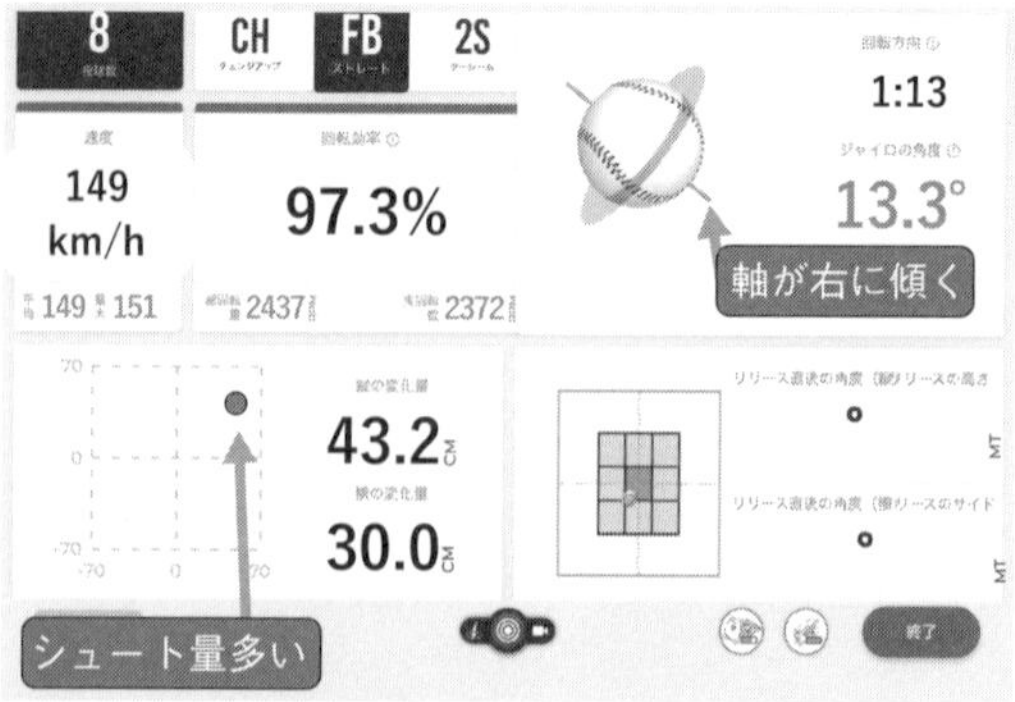

標準シュート系のデータ

変化量（縦）：上方 39 ～ 45cm
変化量（横）：利腕方向 30cm 以上

◆投手の特徴

標準シュート系の投手は、ラプソードでホップ量が39〜45センチ、シュート量が30センチ以上の投手とします。ほとんどのストレートはシュートします。ラプソードではカットボールも「シュートしている」と表示されることもしばしばあります。その中でも、ややシュート量が多めの投手です。

２０２３年のＷＢＣでも活躍し、巨人の主力投手となった戸郷翔征投手は、標準シュート系に分類されます。ＷＢＣのデータでは、伸びが43・２センチ、シュート量は30センチでした。やや低めのスリークォーターであることを考えると、シュート系の球質であることはよく理解できます。

トロント・ブルージェイズの菊池雄星投手はここに分類されるように見えます。菊池投手は、２０２１年シーズンではシュート量が多くなり、その傾向は２０２２年シーズンでも続きました。メジャーリーグの平均から見ると、伸びは標準的であり、シュート量がやや大きなタイプのようです。標準系といえるかもしれません。

アリゾナ・ダイヤモンドバックスなどで活躍しメジャーリーグ通算３０３勝を挙げたランディ・ジョンソンは、２メートル８センチという長身と、スリークォーターともサイドスローとも言える独特の角度

標準シュート系の軌道（ラプソード結果画面からのイメージ図）

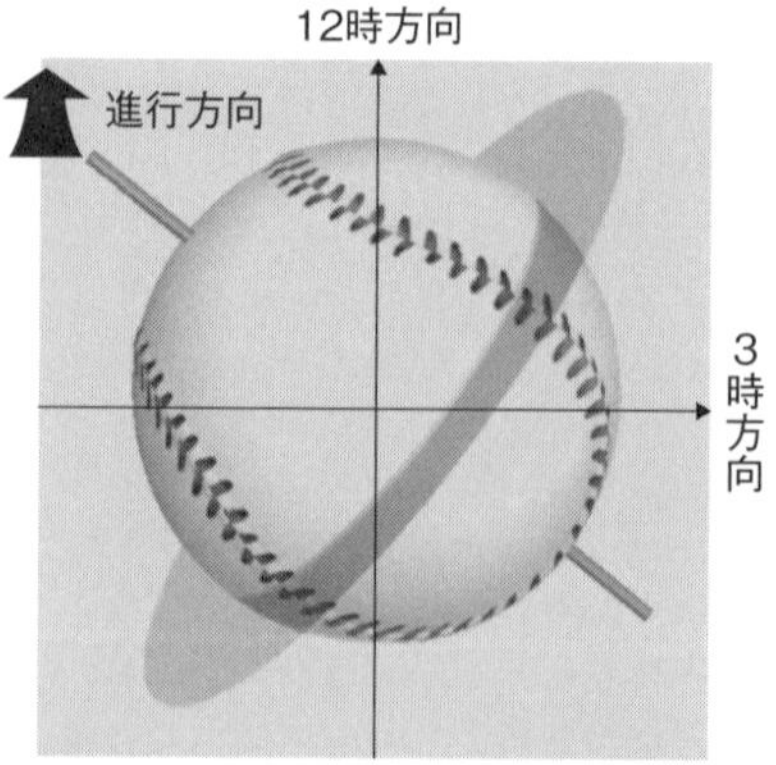

戸郷翔征投手のストレートの回転イメージ

図5-1　首が残るタイプの投手

からシュート気味のストレートと曲がりの大きなスライダーのギャップを活かしていました。

◆投げ方の特徴

完全なオーバースローは少なく、スリークォーター系の投手が多く、スリークォーターの中では、「首が残る」タイプの投手が多い印象です（図5-1）。「首が残る」とは、右投手であれば、首の右側が収縮して投げ終わっているように見えることです。「右肩が下がったまま投げ終わる」と表現することもあります。リリースに向けて、自分の体重をかけながら投げるタイプ、とも言えます。投げ終わった後、利き手側の目が低くなる投手、とも言えます。

この投げ方は、球種としてはフォークボールとの相性が良さそうです。あくまで想像ですが、ボールの右側を擦りやすく、シュートしながら落ちるフォークボールにつなげやすい可能性があります。

◆相性の良い変化球

前述したように、フォークボール系のボールを投げられる投手が多いです。

もともとボールがシュート系のため、ツーシームやチェンジアップを投げることは難しくない。ただし、それが「打者から見て意味のある変化かどうか」を確認したいところです。

シュート系のストレートを投じる投手がツーシームを投げた場合、変化量に差が少なく、果たしてそのストレートとツーシームをどう見分けるのか、極論すれば、呼び名が違うだけではないのか？　ということもしばしばあります。

シュート系の投手である以上、対になるカットボールやスライダーが得意であるとよりピッチングの幅は広がるが、それは必ずしも相性が良い球種とは限りません。カットボールやスライダーといった曲がり球をマスターするためには、最初はストレートと投球フォームが違っても良いから、まず曲がり球をしっかりと投げられるようにすること。それができたら、次にストレートとの区別がつきづらい投げ方に近づけていく、という方法もあると思います。

図5-2　右肩下がりのフォーム

◆コーチングの注意点

オーバースローやスリークォーターの投手については、現在の投球フォームで、これ以上肘が下がることがないように注意します。あるいは、右投手の場合、「投げ終わりで右肩が左肩よりも下に来ないように」という表現でアドバイスします（図5－2）。「グラブハンドの上を、右腕が通過して投げ終わるように」という伝え方をすることもあります。

変化球としてのシュートを投げる際には、体重を右側にズラして投げ終わることは一つのテクニックです。それは、体重移動した方向にボールが行きやすいためです。

ストレートを投げているつもりが、すぐに軸足が地面に着いてしまう（フリーフット側の股関節に十分に乗ることができない）ためにボールがシュートしている場合には、「投げ終わった後、フリーフット一本で立つ時間を作ろう」「崩れるなら左側に」という伝え方でアドバイスをすることもあります。このアドバイスや修正によって、ボールが伸び系になればそれでも良いと思います（図5-3）。

体重移動が不十分で軸足側にすぐに体重が乗ってしまう場合は、「フリーフットが地面に居着いてはいけない」とアドバイスします。「キョンシーになっては良くないよ」という言い方をすることもあります。今の若い人にはあまり分からないかもしれませんが、キョンシーとは、ホラー映画に出てくる両足が揃ってジャンプする妖怪です。いずれにしても、「両足を揃えて使うことはない」ということを理解してほしいのです。

図5-3　フリーフットが地面に居着いた投球

ボールを投げ終わった後、すぐに軸足側に体重が乗ってしまう弱点は、フィールディングにも表れます。バント処理の一歩目が遅れる、フィールディングのスタートが打球に関係なく軸足側に向かってしまう、という欠点につながるのです。

抜群の制球力とチェンジアップを武器にメジャーリーグで活躍したグレッグ・マダックス投手は、シュートがかかっても良いチェンジアップやストレートを投げる時は、三塁側に体重を掛け気味。スライダーの時は一塁側に体重を掛け気味にしていたように見えます。その結果、ボールが曲がった方に打球が飛んで行きやすく、その打球を待ち構えて処理できる⇩「フィールディングが上手い」となっていたように見えました。

見方を変えれば、「打球が来るところに待ち構えていた」とも言えそうです。とはいえ、これは特殊・高等技術であって、やはりしっかりとフリーフット側の股関節に乗って投げるのが基本ではないでしょうか。

シュート回転自体は、その投手の特徴であって何がなんでも矯正する必要はないと思います。ただ、投げ方が不完全なためにシュートしているケースには、アドバイスをしても良いように思います。

ヤクルトでリリーフとして頭角を現しつつある木澤尚文投手は、２０２２年シーズンでは投球の半分以上、１５０キロを超えるシュートを投げています。木澤投手の学生時代に、私はコーチングに携わりました。アマチュアとしては球速が速い投手ですが、球速・球質ともにプロ野球の中では特徴がなかったのでしょう。「球速を下げずに、球質を特徴のあるものにする」という意味では、木澤投手がシュートボール（ストレートよりも平均球速が速いようです）を選択したことは、賢い選択だと思います。伊藤智仁コーチからシュートを投げるように提案されたそうですが、さすがプロ野球のコーチだと思わせる的確なアドバイスです。

野村克也さんは、「再生工場」とも言われたヤクルトでの監督時代に、多くの投手にシュートを投げることを勧めていたそうです。ストレートに特徴のない投手に対して特徴を出させる、つまり「標準系」の投手に対して「標準シュート系」への移行を促すというコーチングと理解できます。また、ストレートと球速差のない球種のマスターを促すということは、打者に球種の見極めを困難にさせるピッチトンネルの観点からも理に適っています。

伊藤智仁コーチが木澤投手にシュートの習得を促した背景には、木澤投手の球質に加えて、ヤクルトの投手育成の遺伝子が息づいているのかもしれません。

木澤投手については、4章で対談を行ない、シュートを選択するプロセスについてお話を伺いました。

◆攻略法

対角線に狙って投げたボールも、抜けて中に入るミスがある投手の場合には、打者はとりあえず「真ん中を待って打つ」という対応で良いでしょう。ただしこの区別は、投手が投げ終わりでどちら側に体勢が崩れるかによります。

さらに、「厳しいインコースが来たら、（打てなくても）ごめんなさいで良い」というくらいの思い切った表現を使って、抜けたスライダーなど、狙うべきボールを絞りたいところです。

シュート系の右投手に左打者が対戦する場合は、かかと体重に気をつけなくてはなりません。かかと体重でスイングすれば左打者の身体は一塁方向に行き、右投手のシュート系のボールは三塁方向に逃げていくのですから、接点がなくなってしまうのです。

投球タイプ6 真っスラ系

真っスラ系の投手

大谷翔平、桑原謙太朗、斉藤雅樹、中込伸

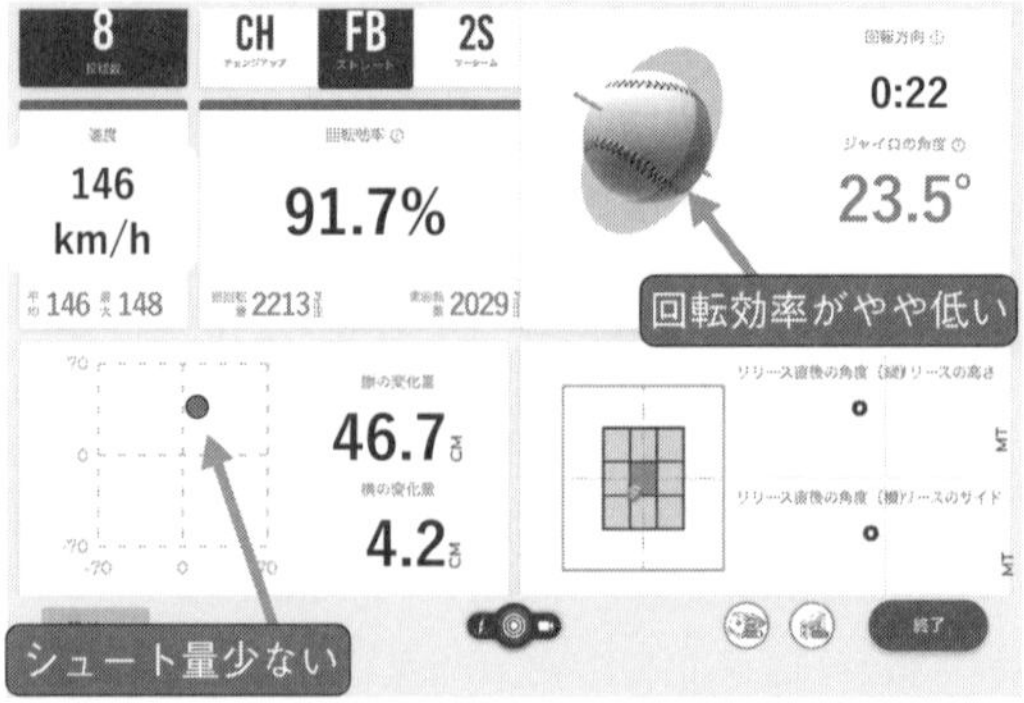

真っスラ系のデータ

変化量（縦）：上方 39 ～ 45cm
変化量（横）：利腕方向 8cm 以下

◆投手の特徴

真っスラ系の投手の基準は、ラプソードによる測定では、ホップ量が39〜45センチ、シュート量が8センチ以下となります。実際にはスライドしているというよりも、「シュートするボールを見慣れている打者の目にはシュートしていないことで逆に、よりスライドして見える」ということが言えます。

非常に微妙なのが大谷翔平投手です。少し強引ですが「真っスラ系」に分類しました。ＷＢＣ日本ラウンド 対中国戦での大谷投手のホップ量は平均39・1センチ、シュート量は9・5センチでした。２０２２年シーズンでみても、大谷投手のストレートはホップ量が37センチ。わずかですがメジャーリーグ平均を下回っていました。シュート量もメジャーリーグ平均よりも約10センチ少なく、まさに真っスラ気味のストレートであったことが分かります。大谷投手のストレートの回転イメージを図2に示しました。右側の軸がやや見えづらくなっており、カットボール感のあるリリースになっていることが分かります。

とはいえ、大谷投手の良さは、ボールの伸びやホップ量というよりも、球速の速さにあります。ＷＢＣ日本ラウンド 対中国戦では、平均球速は１５７・５キロでした。この速さで、打者がボールを判断する時間を奪うのです。打者が焦ってポイントを前に置くと、平均１４５・６キロの高速スプ

真っスラ系の軌道（ラプソード結果画面からのイメージ図）

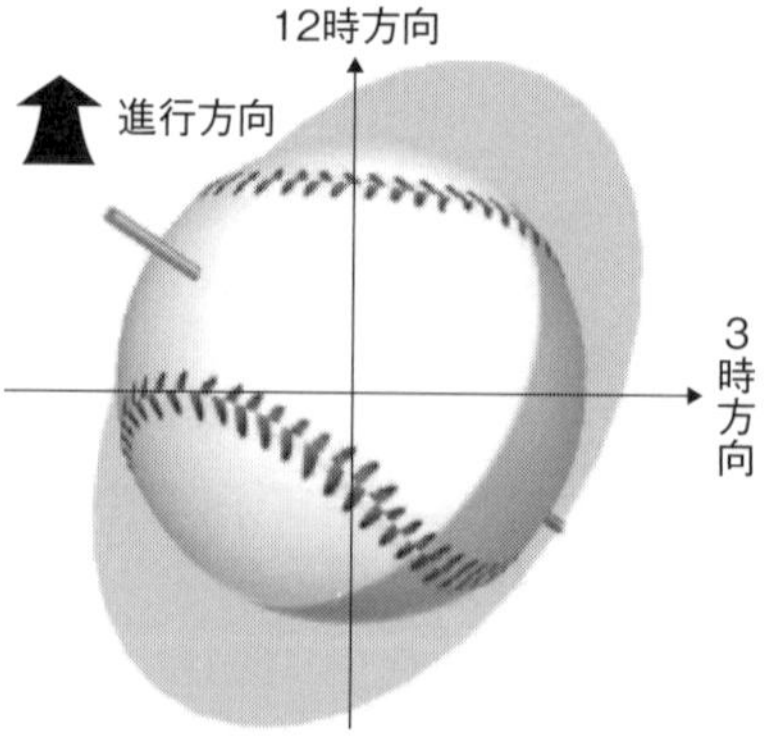

大谷翔平投手のストレートの回転イメージ

リットがあり振らされてしまいます。

大谷投手はいわゆる「スイーパー系」の大きく横曲がりするスライダーを投げています。大谷投手のスライダーの横方向変化量（平均）34・9センチ、対してメジャーリーグ平均は18センチですので、横変化の大きな変化球を投げていることが分かります。この横の変化量が大きいスライダーは打ちづらいことが分かっており、大谷投手がスライダーを投げる割合を2022年に増やしたこと（21・8％→39・1％、図6－1）は理解できます。このように、データに基づきながら元々の自身の球質の特徴（真っスラ系）を活かした変化・工夫をしているのだと考えられます。

プロ野球では阪神タイガースで中継ぎ投手として活躍した桑原謙太朗投手が、真っスラ系に見えます。

真っスラ系の投手にとっての課題をピックアップすると、次の2つが挙げられます

（1）ストレートの変化量が乏しくなること

（2）カットボール、スライダー系の変化球が投げやすい反面、シュート系、ツーシーム系の変化球が難しくなりやすいこと

ストレートの変化量が小さいうえに、球種が限られていると、ピッチングが安定しにくいことは想像できると思います。今のところまだ科学的エビデンスはありませんが、回転効率の低さはコントロールにも悪影響を及ぼしているように感じています。

真っスラ系の投手のストレート、いわゆる「真っスラ」は打者にとっても打ちづらいボールです。しかし、投手にとってもパフォーマンスを安定させにくい「諸刃の剣」なのかもしれません。ラプソードで計測すると、ツーシームやチェンジアップ、フォークボールといった変化球の方が回転効率が高い投手がいます。真っスラ系の投手のストレートの回転効率を高めるヒントがここには隠されているかもしれません。

◆投げ方の特徴

投げ方の特徴ではありませんが、真っスラ系の投手の身体的な特徴として、〈人差し指と中指の長さの違い〉があると感じています。普通は誰でも人差し指よりも中指の方が長いはずです。その長さの違いがやや大きい人がいます。中指の方が関節一つ分以上長いようだと、無意識に投げていてもボールがスライドすることが多くなるような印象があります。ちなみに、私の見てきた中では、スローイングで悩む選手やイップスになる選手も、指の長さの違いがあるように思います。メンタルが原因と言われることが多いイップスですが、実はこうした身体的特徴に要因が隠されているのかもしれません。

野球の道具というのはとても機能的に作られていて、丸い（球体の）ボールの縫い目にも意味が

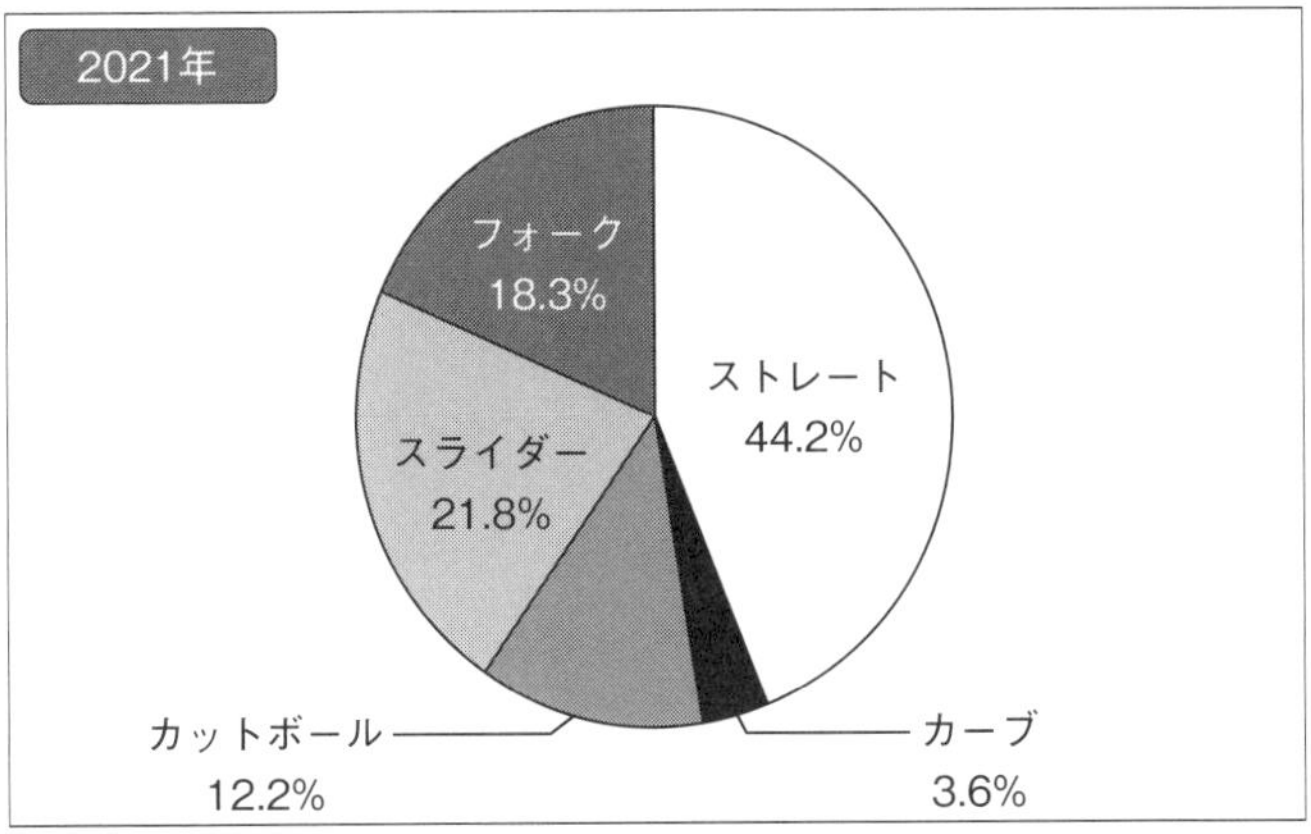

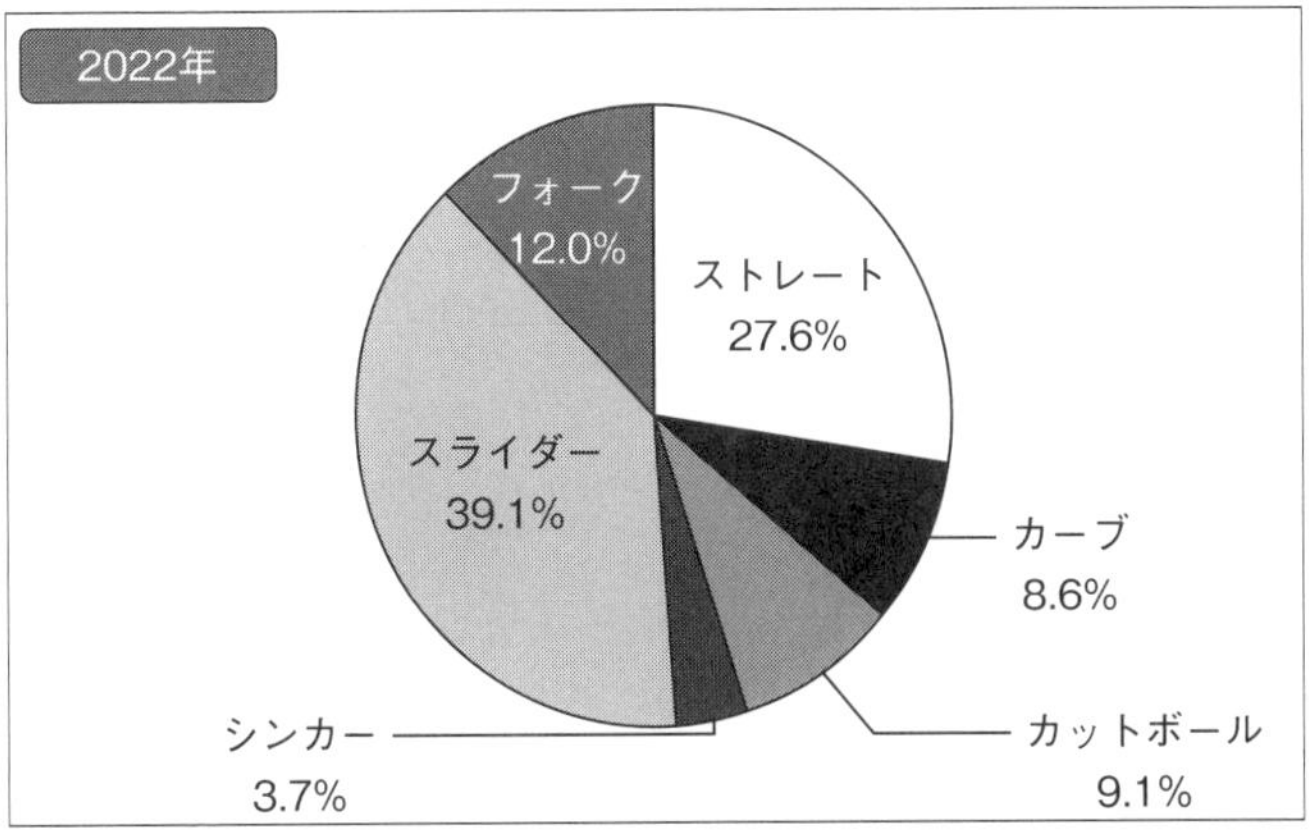

図 6-1　大谷翔平投手の球種割合の変化（2021 年～ 2022 年, Baseball Savant のデータから作成）

あります。この指の長さの違いを考慮して、ボールの縫い目の下がっている方を人差し指、上がっている方を中指で握るのです（図6-2）。

このとき、指の長さが大きく違っていると、「片方の指に合わせると、片方の指がズレる」ということもあるでしょう。そうなると、スローイングが厄介になります。握りの幅を調整することや、中指を折り曲げる角度で両指を使いやすくすることも、理屈の上では可能です。しかし、現実には握りを変更することはすごく難しいことです。小中学生の野球教室を行なうと、ボールの握り方を間違えている選手をよく見掛けます。私の感覚では、6割近い選手が正しい握り方ができていません。指摘することや知識の上では示すこともできますが、握りをその場で変更しても、選手は嫌がり、根本的なボールの質を改善することは

図6-2　スラ系のボールの握り

とても難しいといつも感じています。

◆相性の良い変化球

やはり、カットボールやスライダーです。私もそうでしたが、このタイプの投手は、「ボールをストレートに投げる方が難しい」と感じている人が多いのではないでしょうか。もしかすると、少年時代にカットボールやスライダーをたくさん投げた影響で、ストレートもカット・スライダー気味になっているのかもしれません。そして、カーブも相性の悪い変化球ではありません。真っスラ系の投手にとっては、「カットやスライダーの方がストライクを投げやすいし、コントロールがつけやすい」ということがあるのかもしれません。

また、シュートボールをマスターすることで、「指のかかり」を体得することができるかもしれません。

◆コーチングの注意点

真っスラ系のストレートを活かしてあげたいところですが、「なぜ真っスラ系になっているか」

をコーチと投手が理解できれば、改善するチャンスはあると思います。そして、真っスラ系のストレートを、カットボールとして残しておけば球種の幅を広げることができます。

真っスラ系のリリースになる理由を探るには、序章でもご紹介したようにリリースの瞬間をハイスピードカメラで撮影する「ピッチデザイン」の手法が有効です（図6-3）。日本でも、ラプソードとセットで用い、リリースの様子を捉えるハイスピードカメラ（インサイト）が販売されています。

ハイスピードカメラを用いなくても、高性能カメラを搭載したスマートフォンでも十分に可能なようです。

私がかつてコーチングに携わったA君は、

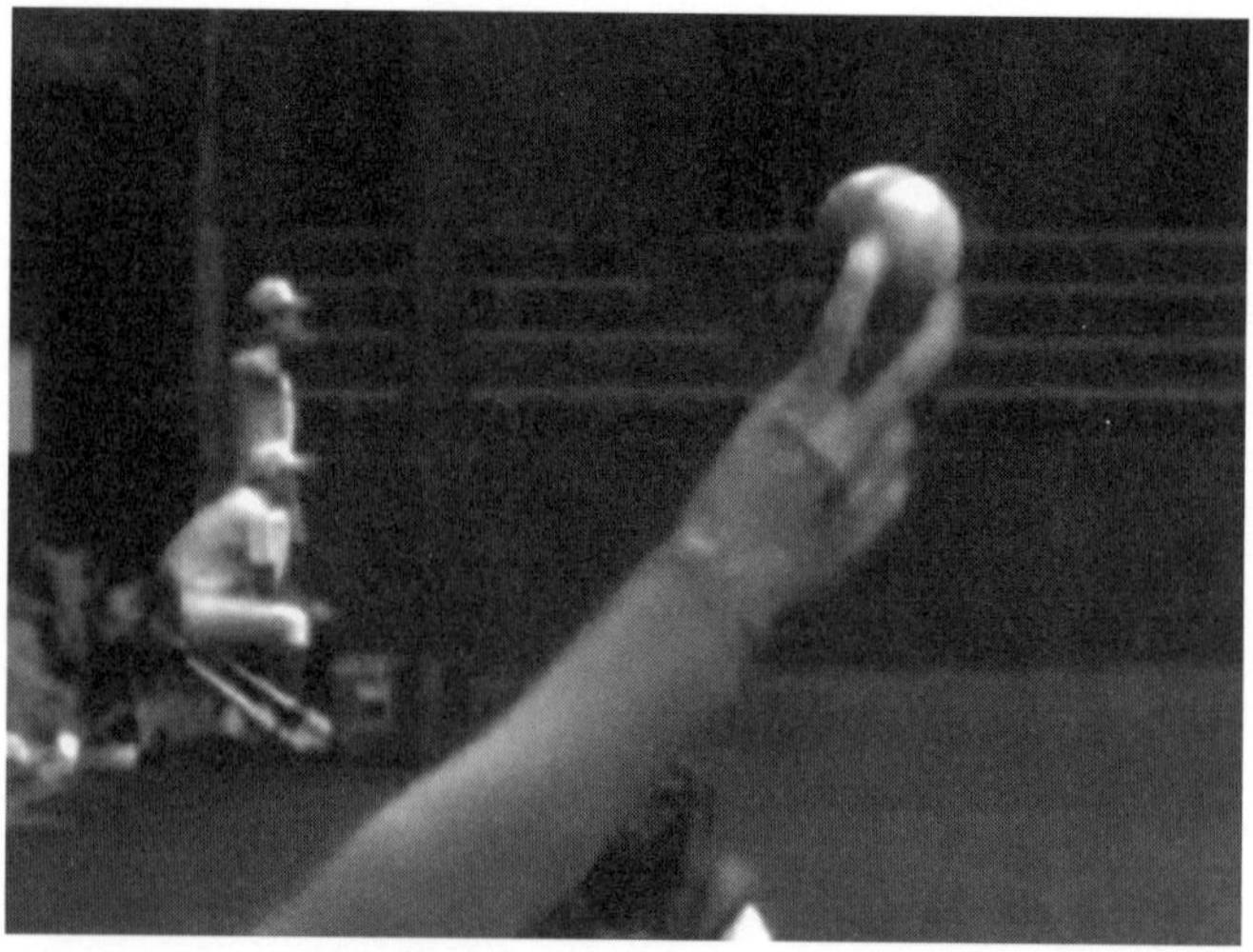

図6-3　リリースの瞬間

普段は１４０キロの真っスラ系でしたが、数か月に一度、体調やフォームが噛み合った日には１５０キロを超えるストレートを投げることがありました。一度、１５４キロを記録したことがあります（球質に変化はなし。真っスラ系のまま）。残念ながら最後まで「なぜ、うまく行く日があるのか」「良い日は何が違うのか」を見つけてあげることはできず、私にはA君の能力を十分に発揮させることはできませんでした。現在であれば、ハイスピードカメラを用いることで、リリース、フォームの違いを検討することもできていたと思いますが、A君に携わっていた当時はまだ知識も道具も足りていませんでした。

また、別の反省点として、A君の不安定な投球に対して、練習での取り組みや工夫といった点に言及することが多くありました。しかし前述したように、真っスラ系の投手はもともと不安定な投球になる要素をもっており、むしろその要素そのものに対してアプローチをするべきだったと反省しています。「罪を憎んで人を憎まず」ではありませんが（もちろん、野球で上手くいかないことは罪ではありませんよ）、「課題にアプローチ＋選手ファースト」が重要だと改めて感じています。

◆攻略法

「真っスラ系」「クセ球」であることを認識して打席に立ちたいですね。「いつもと同じ感じで振ったら、スライドして芯を外された」ということは避けたいところです。抜けたボールを常に待ちながら、アウトコースの厳しめのボールは見逃しても良いでしょう。普段よりもシュートしてストライクにはならないためです。また、スライダーやカットボールが多いことを考えると、厳しいアウトコースから変化するボールは、どんなに良いボールであっても判定はボールです。

打席で粘ることも有効な方法です。とくにコントロールに不安をもつ真っスラ系の投手の場合には有効でしょう。追い込まれて厳しいところに来ても、ファールで逃げることができれば、次は甘く入るか、ボール球になる可能性が膨らみます。とくに左打者は、入って来ると感じるボールに対してインサイドアウトのスイングで捉えていくことです。

投球タイプ7 垂れ系

垂れ系の投手

藤浪晋太郎、高橋宏斗、與座海人、斎藤佑樹

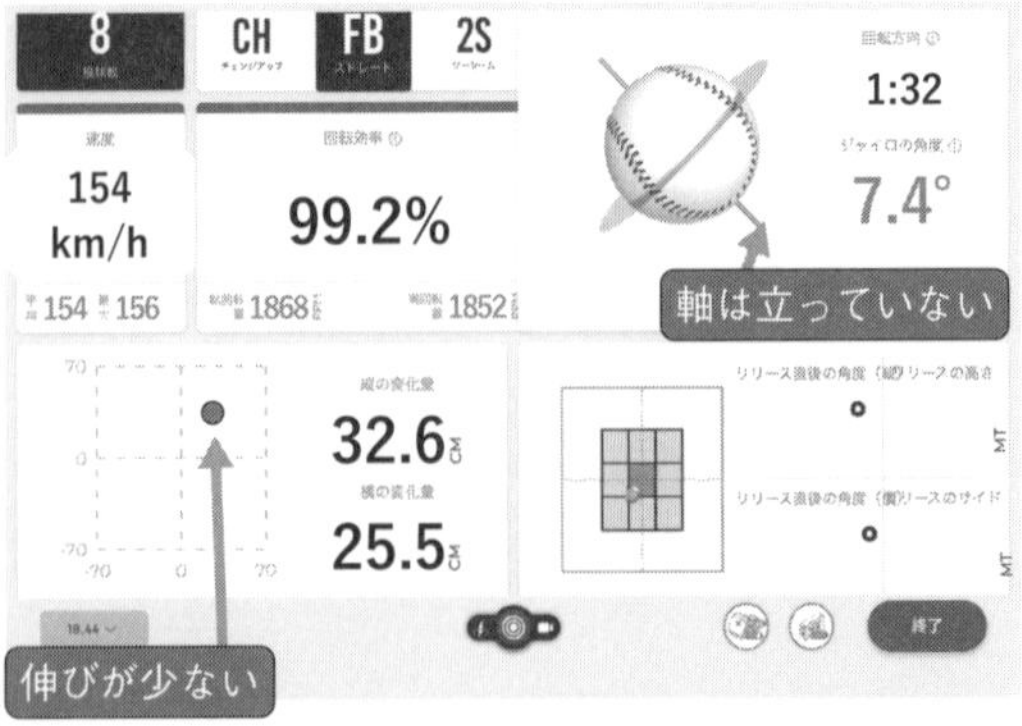

伸び系のデータ

変化量（縦）：上方 38cm 以下
変化量（横）：利腕方向 20 ～ 30cm

◆投手の特徴

垂れ系のストレートを投げる投手もいます。ゴロを打たせる投手であり、低めにボールを集めるタイプの投手です。ボールが垂れる理由は、回転数が少ないか、回転効率が低いか、あるいはその両方なのかという3つのケースが考えられます。一種のクセ球と認識されるかもしれません。

ラプソードでのホップ量は38センチ以下、シュート量は20～30センチとします。よほどの球速がなければ、ストレートでの空振りや三振を多く奪うことは考えにくく、おのずと試合では、ゴロを打たせてアウトを取るような投球になります。そのためには、低めにボールを集めることが大事になってくるでしょう。

中日ドラゴンズの高橋宏斗投手は、ＷＢＣでは、伸び36・3センチ、シュート29・2センチと垂れ系の球質でした。快速球投手ですが、伸びは少ないタイプで、もう少しで垂れシュート系に分類されます。平均球速は１５５キロに達し、潜在能力の高さを見せました。

藤浪晋太郎投手（ボルチモア・オリオールズ）も、垂れ系に分類されます。メジャーリーグでのオープン戦の登板では、伸び：32・6センチ、シュート：25・5センチでした。

垂れ系の軌道（ラプソード結果画面からのイメージ図）

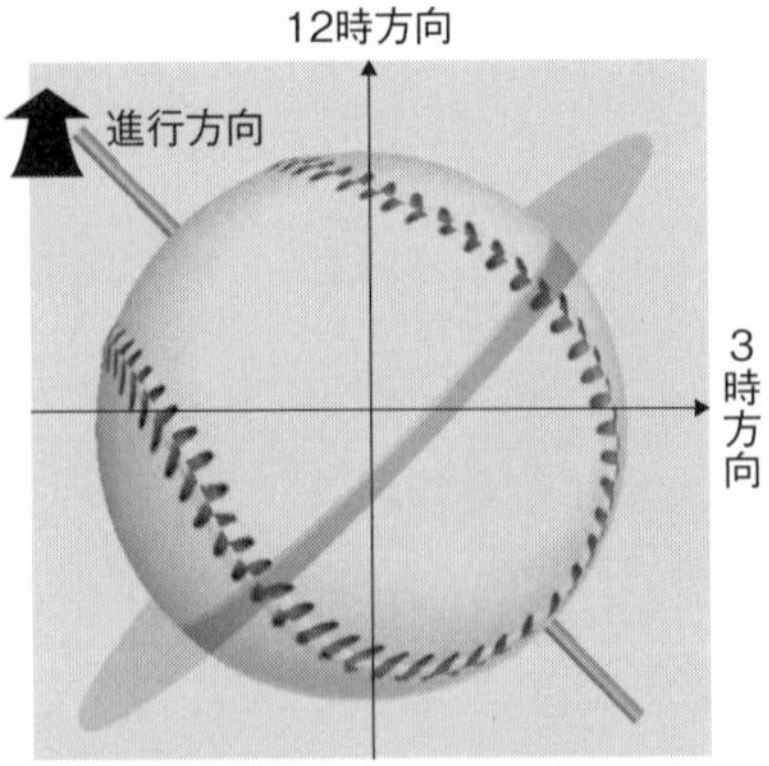

藤浪投手のストレートの回転イメージ

◆投げ方の特徴

このタイプの投手は、やや押し出すように投げています。球速が速くて、垂れ系であれば、打者にとって慣れていない球質は武器となります。逆に球速が遅く、垂れ系であり、コントロールにも問題を抱えているようであれば、投球フォームの改善も視野に入れなくてはなりません。

◆相性の良い変化球

サイドスロー・アンダースロー以外で垂れ系に分類される投手は、回転数が少ないタイプがいることが想定されます。そういった投手は、チェンジアップやフォークボールといった回転数の少ない変化球への転換が容易だろうと、経験的に感じています。垂れ系の内、回転効率が低い投手であれば、スライダー系の変化球が投げやすいかもしれません。根本的な問題として、子どもの頃に、スライダーを多投した影響が回転効率の低さにつながっている可能性も考えられます。

また、スライダー系のボールが投げやすいとしても、垂れ系のストレートとスライダー系のコンビネーションでは打者にとっての脅威は少ないでしょう。球速を落とさず、シンカーやツーシームが投げられるのであれば、ストレートの割合を下げて、シンカーボーラーやツーシーマーになることも、投手として生き残る術かもしれません。

◆コーチングの注意点

繰り返しになりますが、「低めにボールを集める」ことが重要となります。投げミスをしたボールが高めに浮くのではなく、低めに行くようになれば、粘り強いピッチングができるはずです。垂れ系のストレートを注意深く低めに投げることに加えて、スライダー系、落ちる系の変化球を投げていくことで、どうしても球数が多くなる傾向にあります。それでも根負けしないように、丁寧に投げることを練習からやっていくしかありません。また、守備位置、守備シフトとの連携もかなり重要となるでしょう。

「ボールが垂れる」と、投手はプライド（本能?）として、力んで生きたボールを投げようとするものです。でも本来は、「低めに垂れるボールは武器なんだ」ということを理解させたいところです。打たせて取るタイプとなりますが、球速はより速い方が良いはずです。なので、球速の向上に関しては諦めない、なおかつ、ボールの高さは上げない、ということを理解させる必要があります。実践的な勝てる投手になってほしい、現実路線を歩んでほしいということでもあります。

フィジカル能力や、投球フォームの問題で、ボールに十分力を伝えることができずに垂れ系となっている場合は、その点を改善していかなくてはなりません。

◆攻略法

低めのボールの見極めに限ります。また、ゴロを打たない意識もほしいです。特に「引っ張った打球でゴロを打たない」ようにしたいのです。引っ張ればゴロになりがちですが、同時に、引っ張った打球の方が打球速度は速くなりやすく、ゴロを打たないことで長打の割合も高まります。裏を返せば「ゴロになりそうなボールに手を出さない」ということでもあります。球速が速い場合には、ポイントを前に置きたくなるものですが、それでは術中にはまる可能性があり、要注意です。「低めのボール球に手を出すくらいなら、見逃し三振でもＯＫ」という指示が出しやすいタイプの投手とも言えます。ベンチからではストライクゾーンの左右は分かりづらいのですが、高低はある程度判断できますから、「攻略法通りに実行できたかどうか」を判断しやすい指示でもあります。

ランナーは、低めに集めてくるボールに対して、ワンバウンド（ワイルドピッチや捕逸）を想定して、常に進塁を狙う意識をもちたいところです。また、落ちる系のボールを使ってくるカウントを見極めて盗塁を狙ってもいいでしょう。

投球タイプ8

垂れシュート系

垂れシュート系の投手

大勢、宮城大弥、鹿取義隆、潮崎哲也

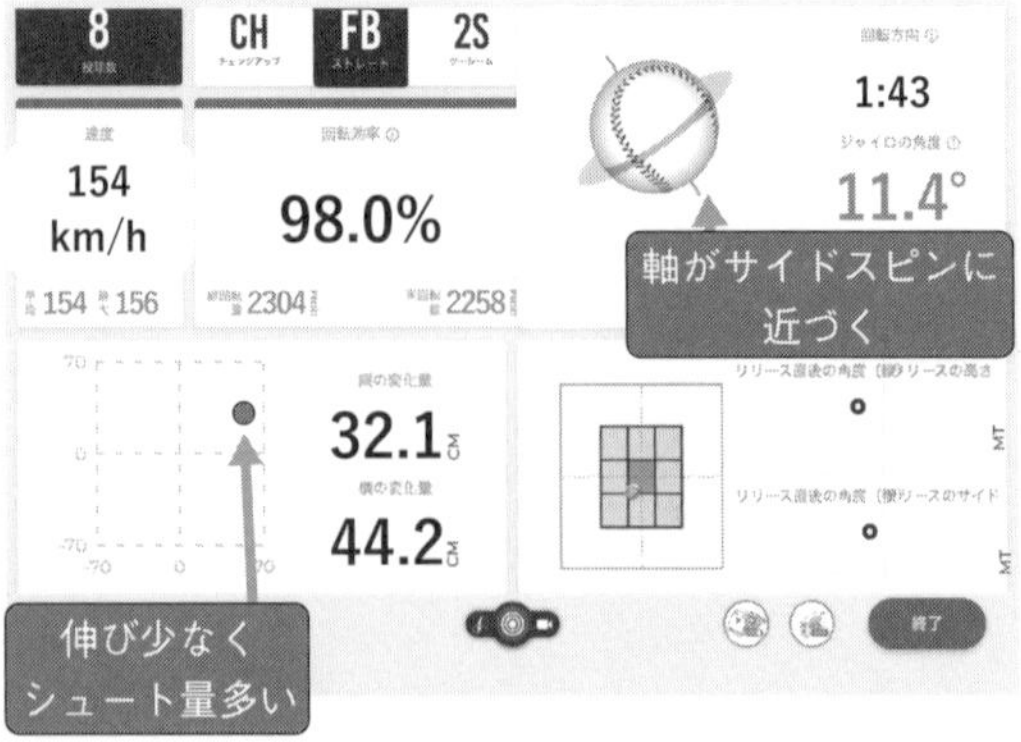

垂れシュート系のデータ

変化量（縦）：上方 38cm 以下
変化量（横）：利腕方向 30cm 以上

◆投手の特徴

垂れシュート系の基準は、ラプソードの計測でホップ量が38㌢以下、シュート量が30㌢以上とします。サイドスローやアンダースローの投手はホップ量が出づらくシュート量が出やすいので、多くの投手が垂れシュート系に分類されます。とくにアンダースローの投手では、ホップ量がマイナスの数値になることもあります。

角度によるものか、ラプソードでの計測結果には「ホップ量は少ない」と出ますが、見た目には「良く伸びているな」「ホップしているな」と感じることもあります。

新人ながら、巨人でクローザーを務めた大勢投手は垂れシュート系に分類されます。平均球速が１５５㌔と速く、サイドスロー気味の腕の角度から、シュート量多めのストレートを投げています（ＷＢＣでは、32・1㌢の伸び、44・2㌢のシュート量）。

伸びているように見えますが、実際の計測値はサイドスローのものです。サイドスローから、「速く、シュート量の多いストレート」を投げています。プロ野球の打者としても、打ちづらいボールであることが分かります。大勢投手のストレートの回転軸は次頁の図のように大きく右側に傾いていると考えられます。

垂れシュート系の軌道（ラプソード結果画面からのイメージ図）

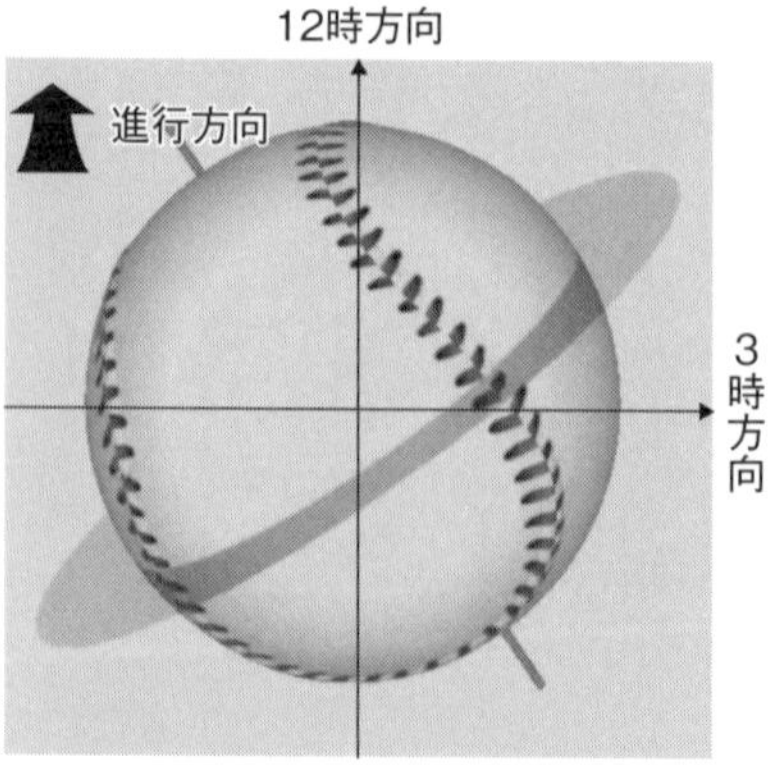

大勢選手のストレートの回転イメージ

順調な成長を続ける宮城大弥投手（オリックス）も、垂れシュート系に分類されます。

◆投げ方の特徴

繰り返しになりますが、サイドスロー・アンダースローの投手がこのタイプには多くいます。ラプソードで計測した際に、回転効率が良いタイプのサイドスロー・アンダースロー投手は希少だと感じます。回転数や回転効率を上げて、ボールの変化量を大きくして打者に立ち向かいたいところです。

◆相性の良い変化球

このタイプの投手と相性が良い変化球は、なんといってもシンカーです。西武の黄金時代を支えた名リリーフ潮崎哲也さんと対戦経験のある選手から、「左ピッチャーのカーブみたいなシンカー」という言葉を聞いたことがあります。打者には浮き上がって見えたのでしょう。実際にボールにトップスピンを上手く与えることができれば、「一度浮き上がってから、落ちていく」という軌道にすることが可能です。特に左打者に対して、このボールは有効になります。

ワンランク上の投手を目指すのなら、横の曲がりが大きい変化球もマスターしておきたいところです。変化量が横に40チセンのスライダー系の変化球があれば、「両サイドに曲げる」「反対方向に曲げる」ことができます。そうすると打者は内も外も両方意識しなくてはなりませんから、的を絞りきれなくなって、当然打ちづらくなります。

垂れシュート系のストレートとスライダーの投げ方は、ボールが曲がる方向が異なる以上、違う投げ方になっても良いと思います。本人だけが分かるような違う投げ方で、異なる曲がりのボールを投げ分けることができれば理想です。

◆コーチングの注意点

そもそもストレートの球質が、低めから「ホップして高めにいく」というわけではありません。なので、高めに投げる場合には、コントロールが非常に重要になります。実際に、サイドスローやアンダースロー投手の高めのボール球を苦手とする打者も数多くいます。繰り返しますが、垂れ(シュート系)ということは、球質によってボールを高めに投げることは難しく、コントロールやボールを出す角度が重要になります。このことを踏まえて練習の段階から、高めのボールを投げられるように練習しておくことが必要です。

よくある話ですが、「ブルペンでは高めに投げることを練習していなかったのに、試合になって急にキャッチャーが高めに構える」ケースでは、ほぼほぼ打たれているように思います。練習が必要です。

そして、垂れシュート系のストレートは打者にミートされた場合の打球の角度にも着目したいところです。ゴロになっているうちは、どのコースのヒットでも傷は浅いと考えられます。しかし、フライになっている場合、とくに引っ張られたフライになっている場合には、フォーム、配球、投手のコンディション、交代時期の総点検が必要になります。

垂れ系のストレートを投げる右投手が、ホームベースの三塁側に投げる場合には、「狙い過ぎないように」とアドバイスをしたいところです。「真ん中からシュートしていくくらいで良い。むしろ真ん中外寄りからボールがシュートしても良い」と思うのです。しかし、垂れシュート系の投手が「リリース直後からホームベースの三塁側に外れる軌道」に投げた場合には、ストライクになる可能性が激減します。これは球質上、仕方がないことでしょう。その投手自身の球質を知ったうえで、狙うポイントを決めてほしいところです。かといって、投げ始めの軌道を「引っかける」こともちろん良くないことです。「抜けず、引っかけず」のポイントをつかむことができれば、投手として大きく成長します。

垂れシュート系のストレートを投げる投手、サイドスロー・アンダースローの投手は、一人でもチームにいると監督は大変重宝します。特に左投手でこのタイプがいてくれると本当にありがたいものです。しかし、経験的には、〝最初からある程度できる〟投手でなければそこまでの信用はできないはずです。通算２８４勝（アンダースロー日本最多）を挙げたかつての阪急ブレーブスのエース山田久志さんは、高校生の頃、投手をやらずサードの守備に就いた時にも常にアンダースローで送球していたそうです。身体の使い方の適性がある程度あって、その上で磨いていくということだと思います。それから私の経験則ですが、細身タイプの投手の適正が高い気がします。

◆攻略法

低めのボール球に手を出さないことは、重要なポイントです。特に右投手対右打者の場合、低めのボール球は、基本的には真ん中からインコースの低めのゾーンになります。また、スライダー系の変化球に対しては、伸びあがって追いかけてしまわないことも重要でしょう。

垂れ系のストレートに対して自打球が当たるようなファールを打ってしまう打者は、やはり打てる可能性が少ないと考えなくてはなりません。インサイドアウトのスイング軌道をきちんとマスターしているかどうかが問われることになります。また、感覚的には、リストが強く、フォロースルーが短くても強いインパクトができる「パンチショット」のスイング技術をもつ打者（例えば巨人・村田修一コーチの現役時代）は、垂れシュート系の投手に対して苦戦をしないようです。

試合では個々の対応だけでなく、打線全体で垂れシュート系のストレートに対して、特に引っ張った場合にゴロアウトにならずに、バッテリーに少しずつプレッシャーをかけていきたいところです。

◆その他

ラプソードで投手の球質を把握したいところですが、サイドスロー・アンダースロー投手に対しては計測できないことがあります。ラプソードのカメラで撮影する範囲からはみ出してしまうのでしょうか。サイドスロー・アンダースロー投手がスパッとナイスボールを投げて「ごめん、計測できませんでした」ということもあります。根気良く、球質を把握するしかないと思っています。

投球タイプ9 垂れスラ系

垂れスラ系の投手

Y・ロドリゲス、三上朋也、森博人、福森耀真

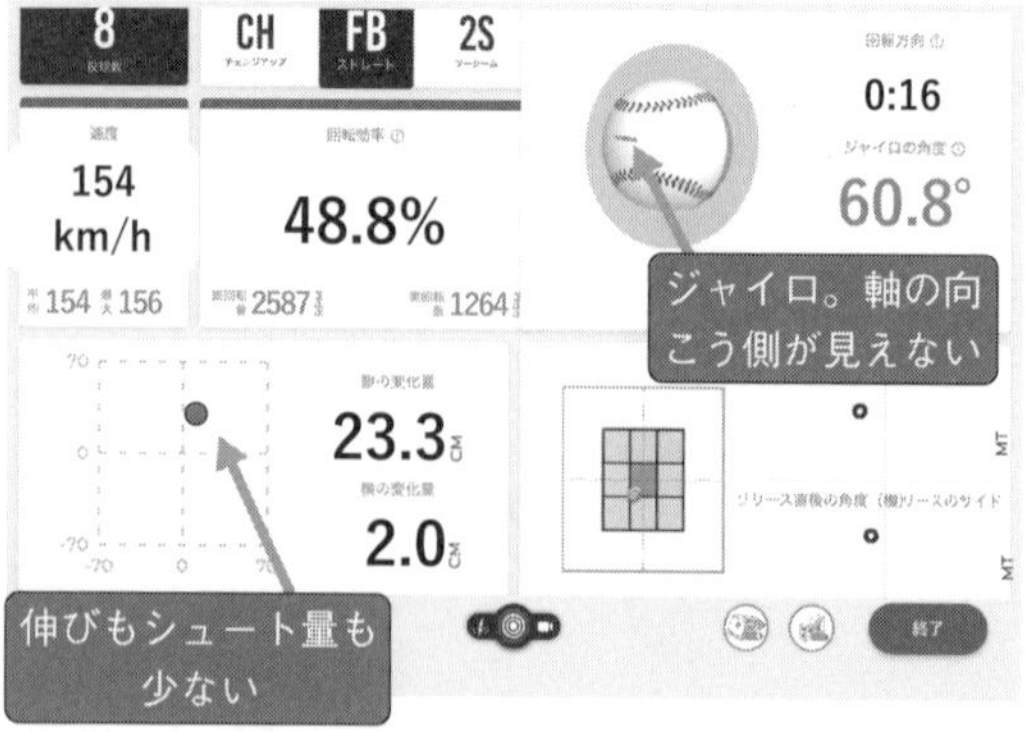

垂れスラ系のデータ

変化量（縦）：上方 38cm 以下
変化量（横）：利腕方向 8cm 以下

◆投手の特徴

ラプソードでは、「ホップ量が38㌢以下、シュート量が8㌢以下」を、〝垂れスラ〟の基準とします。なかなか探すことが難しい希少な球質です。

このタイプの代表は、Y・ロドリゲス投手（中日）が挙げられます。

平均１５４㌔のストレートが垂れスラ系では打ちにくいのもよく分かります。速いボールで三振も多く奪いますが（60奪三振／54回）、高い確率でゴロを打たせています（ゴロ／フライ割合の高さは２０２２年のプロ野球全体で2位）。

「三振か、ゴロか」というピッチングは長打の危険性が少なく、防御率１・15（２０２２年）と安定感のあるピッチングにつながっています。打者にとっては見慣れない、練習も難しいボールであり、しかも１５４㌔と高速であると軌道を推測する時間も短く、攻略が困難です。

他に投手を挙げると、三上朋也投手（巨人）でしょうか。また、森博人投手（中日）、福森耀真投手（楽天）のアマチュア時代が思い浮かびます。

垂れスラ系の軌道（ラプソード結果画面からのイメージ図）

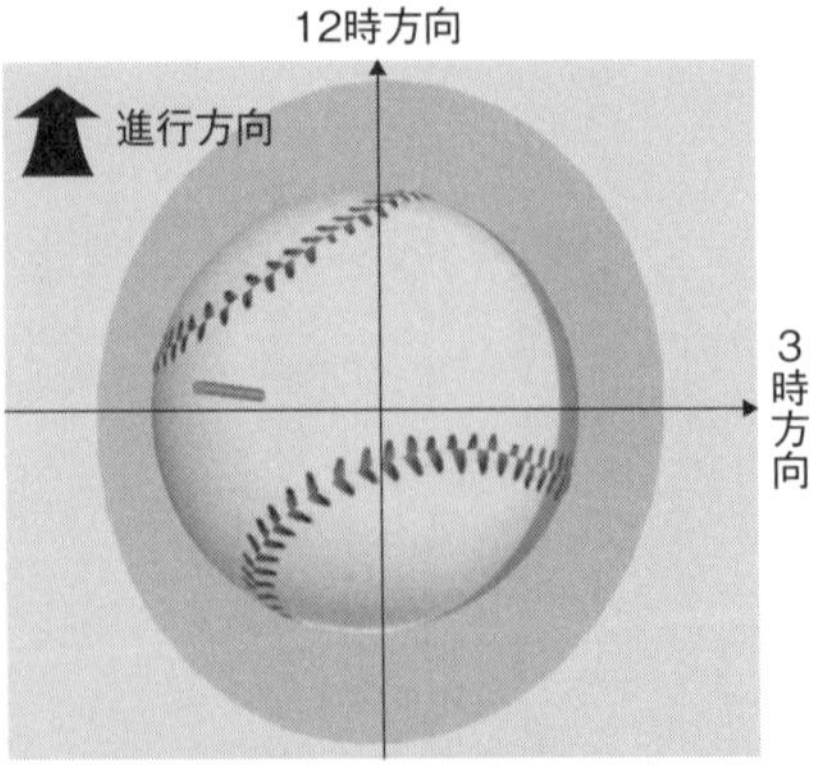

Y・ロドリゲス投手のストレートの回転イメージ

◆投げ方の特徴

腕の位置よりも、ボールのリリースに特徴があります。カット系の球質であり、本来は、スリークォーターよりも低い位置の投手が投げやすい。ボールの回転効率は低い可能性が考えられます。コントロールが安定するならば、打ちづらいボールとも言えます。

打者からすると、打ち取られた後にベンチに戻って、「カットボールだった」と伝達するようなボールですね。ゴロになりやすい球質であり、「投げることも難しいが、打つことも難しい」球質です。

◆相性の良い変化球

カットボールやスライダーは比較的マスターしやすい球種なのですが、垂れスラ系のストレート自体がカットボール・スライダー感をもっています。となると、できれば大きく曲がるスラーブやカーブをマスターしたいところです。

また、押し出し気味に投げるようであれば、回転数を減らしたチェンジアップは投げやすいかもしれません。あるいは、シュート系のツーシームをマスターすることができれば、「両方向に沈むボールが投げられる」わけで〝ゴロ投手〟になれる期待があります。

◆コーチングの注意点

低めにボールを集めることを、リマインドしたい。また、対になるボールを覚えることもアドバイスした方がいいでしょう。

狙うコースは「真ん中、低め気味で良い」と伝えたい。ただし狙い過ぎると、打者に見逃される可能性は高くなります。

右投手であれば、左打者に対して外角のボール気味からストライクゾーンに切り込んでくるボールをコントロールしたいところです。いわゆる「バックドア」のボールをマスターしたいのです。そうすると、ゴロアウトの可能性が高まります。また、バットの芯を外す「打たせて取る」タイプであるため、木製バットこそが有効と言えます。

スリークォーターの垂れスラ系投手の場合、対戦チームの打撃の特徴を踏まえて起用したいところです。むしろ、どんどん振ってくる強力打線に有効な可能性があります。「見慣れたストレート」

から乖離しているため。対戦チームの打者が自信をもって引っ張りにかかってくれたら、〝ハマる〟可能性が出てくるのです。また、じっくりボールを見られると、制球も難しい球質ですので四死球も有り得ます。そういった意味でも「振って来るチーム」に生きる球質です。

◆攻略法

強引に引っ張りにかからないことが重要となります。低めのボールを振らずに、甘いボールだけ捉えたいところです。

垂れスラ系右投手対右打者でのショートゴロ、垂れスラ系左投手対左打者でのセカンドゴロが多発するようであれば、ハマっている可能性があるので要注意です。

次ページからは、プロ野球投手150名のタイプを球団別に分類し、ご紹介します。NPBの多くの投手は、回転数などの投球データが公開されていないため、私の独断で分類しました。みなさんのイメージと比べていかがでしょうか。（NPB選手の球速や球種割合等は株式会社DELTAの『1.02 ESSENCE OF BASEBALL』を参照しています。）

球団別投手タイプリスト◆読売ジャイアンツ

菅野 智之▼標準系
右足の使い方から生まれる「間」は投手のお手本。球速が落ちても精密機械として息長く投げられる。／右投／TQ／ave.146kmh／主な球種スライダー／186cm／95kg

大勢▼垂れシュート系
独特のサイド軌道から153キロ、指にかかったボールはコントロールの心配もなし。敵は故障だけ。／右投／サイド／ave.153kmh／主な球種フォークボール／181cm／88kg

戸郷 翔征▼標準シュート系
腕の振りの軌道通りシュート系のストレート。フォークも一流、肩肘の故障にも強く今後も長く戦力に。／右投／TQ／ave.147kmh／主な球種フォークボール／187cm／80kg

赤星 優志▼標準シュート系
特徴のある球種をマスターできれば、一気に主力投手に。指にかかったボールでMrコントロールにも。／右投／上／ave.146kmh／主な球種カットボール／175cm／78kg

山﨑 伊織▼標準系
トミージョン手術からの回復途上を思うと逸材は間違いなし。カットボールも良さそう。／右投／上／ave.144kmh／主な球種カットボール／181cm／81kg

今村 信貴▼標準シュート系
シュート系の球質で、ツーシーム、落ちる球も安定。スライダーの出来がカギを握りそう。／左投／上／ave.145kmh／主な球種ツーシーム／180cm／90kg

堀岡 隼人▼標準系
155キロの球速はNPBでは有効。球質標準系で、変化球に特徴あれば。／右投／上／ave.148kmh／主な球種フォークボール／183cm／87kg

三上 朋也▼垂れスラ系
スライドするストレートとスライダー、シンカー系の組み合わせ。コンディションさえ整えば息の長い投手に。／右投／サイド／ave.145kmh／主な球種スライダー／190cm／90kg

球団別投手タイプリスト ◆ 阪神タイガース

青柳 晃洋▼垂れシュート系
ストレートと球速の変わらないツーシームを駆使。サイドだがパワーピッチャー。試合にも入り込んでいる。／右投／サイド／ave.143km/h／183cm／主な球種ツーシーム／83kg

西 勇輝▼標準シュート
大胆なアウトステップからシュートを多投。打球が上がりにくく、安定した投球に。／右投／TQ／ave.142km/h／主な球種スライダー／181cm／82kg

伊藤 将司▼伸びシュート系
シュート系のストレートとカット・スライダーの組み合わせも打ちにくく、四死球でも崩れない⇩勝てる投手。／左投／上／ave.141km/h／主な球種カットボール／178cm／84kg

西 純矢▼伸びスラ系
コントロールの良さも勝てる資質。スライダー・フォークも有効。野手としてU18ですごいバックホーム。／右投／上／ave.148km/h／主な球種フォークボール／184cm／90kg

岩崎 優▼伸び系
腕が見えづらく打者に近づくフォームからの伸び系のストレート。１４０キロの本格派。／左投／上／ave.142km/h／主な球種スライダー／185cm／88kg

湯浅 京己▼伸びスラ系
バッターが２バウンドしそうなフォークを空振り。伸びスラ系のストレートとのコンビは良く、活躍続きそう。／右投／上／ave.150km/h／主な球種フォークボール／183cm／81kg

才木 浩人▼伸び系
しなやかな身体の使い方から、１６０キロが出る可能性も。球速上昇と故障防止の両立したい。／右投／上／ave.147km/h／主な球種フォークボール／189cm／86kg

秋山 拓巳▼伸び系
息の長い伸び系のストレートを投げる好投手、Mrコントロール。伸び系の可能性も。球速低下は防ぎたい。／右投／上／ave.136km/h／主な球種スライダー／188cm／103kg

村上 頌樹▼伸びスラ系
スピン量の多い伸びスラ系のストレート、本来の実力はまだまだありそう。／右投／上／ave.141km/h／主な球種スライダー／174cm／79kg

球団別投手タイプリスト◆広島東洋カープ

森下 暢仁▼伸び系
伸び系のストレートが投球の軸。縦のカーブも有効な球種。幅のあるピッチングを展開。／右投／上／ave.149kmh／主な球種カットボール／180cm／78kg

床田 寛樹▼標準系
球質は標準的だが、パームボールを含めたレベルの高い多彩な球種。タイミングの早い独特の腕の振り。／左投／上／ave.146kmh／主な球種シンカー／181cm／90kg

大瀬良 大地▼標準系
伸び系のストレートにカットボール・スライダーの精度が高い。100イニング可能なコンディションあれば。／右投／上／ave.145kmh／主な球種カット／187cm／88kg

九里 亜蓮▼標準系
低めに制球されるストレートに、ツーシーム、カットボール、フォークボールなど多彩な球種を織り交ぜる。／右投／上／ave.143kmh／主な球種フォークボール／187cm／95kg

遠藤 淳志▼伸び系
142キロだが伸び系のストレート。成長著しく、変化球の向上でさらに飛躍が見込まれる。／右投／上／ave.142kmh／主な球種チェンジアップ／186cm／84kg

栗林 良吏▼伸び系
伸び系のストレートとフォークの組み合わせが強力。フォークは複数ありそう。／右投／上／ave.149kmh／主な球種フォークボール／178cm／85kg

森浦 大輔▼標準系
標準系のストレート、シュート成分が強い可能性も。チェンジアップは右打者から逃げて落ちていく軌道。／左投／TQ／ave.145kmh／主な球種チェンジアップ／175cm／71kg

球団別投手タイプリスト ◆ 中日ドラゴンズ

大野 雄大▼伸びシュート系
スピンの効いたストレートはややシュートしながら伸びも大きそう。ツーシームのロケーションも絶妙。／左投／TQ／ave.144kmh／主な球種ツーシーム／183cm／83kg

柳 裕也▼伸び系
速くはないが伸びるストレート。チェンジアップも有効。マウンドでのマネジメントも上手い。／右投／上／ave.142kmh／主な球種カットボール／180cm／85kg

小笠原 慎之介▼伸び系
甲子園優勝の高校時代と比べてかなり上から投げているのは、カーブ・チェンジアップを活かすための工夫か。／左投／上／ave.147kmh／主な球種カーブ／180cm／95kg

松葉 貴大▼標準シュート系
抜けの良いチェンジアップを武器に粘り強い投球。球速は速くなくても、円熟味の増した投球。／左投／TQ／ave.139kmh／主な球種チェンジアップ／178cm／82kg

髙橋 宏斗▼垂れ系
簡単に150キロを出し、フォークにも威力。怖いのは故障のみ。底が見えない大器。／右投／上／ave.151kmh／主な球種フォークボール／186cm／86kg

Y・ロドリゲス▼垂れスラ系
速いストレートは垂れスラ系。ツーシームも155キロ、中継ぎだとMLBレベルでは。／右投／上／ave.154kmh／主な球種スライダー／186cm／97kg

R・マルティネス▼伸び系
伸びる平均154キロのストレート、落ちる系も良く、球種のバランス◯。中日のリリーフは強力。／右投／上／ave.154kmh／主な球種フォークボール／193cm／93kg

涌井 秀章▼伸びシュート
股関節の上手い使い方から、落ちてこないストレート、多彩な球種。勝負への執着心と沈着冷静さ併せもつ。／右投／上／ave.145kmh／主な球種スライダー／185cm／85kg

根尾 昂▼標準系
高校時代の真っスラ感は消え、きれいな球筋に。球質以外の打ちづらさを出したい。くれぐれも故障に注意。／右投／上／ave.148kmh／主な球種スライダー／177cm／82kg

森 博人▼垂れスラ系
アマチュア時代よりもやや球速が低下した印象。クセ球は打ちにくいがコントロールが難しい可能性も。／右投／TQ／ave.145kmh／主な球種カットボール／177cm／84kg

球団別投手タイプリスト ◆ 東京ヤクルトスワローズ

奥川 恭伸▼標準系
打者に近づいて投げられる利点はコントロールにも好影響。故障の回復を祈念。ローテ貫徹は25歳からでも。／右投／上／ave.146kmh／主な球種フォークボール／184cm／82kg

小川 泰弘▼標準系
二段モーションのバランスの良いフォームから多彩な球種。着地後が長い、疲れるが打ちにくそうなフォーム。／右投／上／ave.144kmh／主な球種フォークボール／171cm／80kg

高橋 奎二▼標準系
投げっぷりが良い148キロのストレート。軸のバラつきありそうで、伸び系のボールも。／左投／TQ／ave.149kmh／主な球種チェンジアップ／178cm／73kg

サイスニード▼伸びスラ系
伸びスラ系のストレートに頼らない投球。スライダー、落ちる系も良く、安定したピッチングを展開。／右投／上／ave.147kmh／主な球種スライダー／193cm／97kg

石川 雅規▼垂れシュート系
高津監督の著書には「打者の研究を研究している」。球質は垂れシュートかも。ゴロを打たせるには好都合。／左投／TQ／ave.132kmh／主な球種シンカー／167cm／73kg

木澤 尚文▼標準系
ツーシーム（シュート）は150キロ越え。シュートを勧めたコーチ陣の慧眼はヤクルトの伝統か。／右投／上／ave.152kmh／主な球種ツーシーム／183cm／85kg

清水 昇▼標準系
球速・球質は標準系だが、ピンポイントのコントロールとシュート系のフォークボール。／右投／上／ave.146kmh／主な球種フォークボール／180cm／84kg

高梨 裕稔▼標準系
平均球速は144キロだが、独特の腕の見えづらさを武器にストレートの割合は55％。／右投／上／ave.144kmh／主な球種フォークボール／187cm／90kg

梅野 雄吾▼伸び系
投手としては小柄な体格ながら伸び系のストレートで勝負。変化球も良くコンディション保ちたい。／右投／上／ave.146kmh／主な球種スライダー／175cm／84kg

球団別投手タイプリスト ◆ 横浜 DeNa ベイスターズ

大貫 晋一▼標準系
ツーシーム・フォークをストレートに似せて幻惑。NHKではピッチデザインの様子が放映されていた。／右投／上／ave.144kmh／主な球種フォークボール／181cm／73kg

上茶谷 大河▼標準系
標準系のストレートを軸にカットボール、落ちる系の変化球組み合わせる。球質はシュート系の可能性も。／右投／上／ave.144kmh／主な球種カットボール／182cm／83kg

今永 昇太▼伸び系
球速以上の効力を発揮する伸び系のストレートが軸。敵は故障だけ。／左投／上／ave.147kmh／主な球種チェンジアップ／178cm／83kg

東 克樹▼伸びシュート系
ややアウトステップ気味のフォームから、質の高いストレートと抜け感の良いチェンジアップ。／左投／TQ／ave.142kmh／主な球種チェンジアップ／170cm／76kg

伊勢 大夢▼標準シュート系
指にかかったストレートはシュート量多い149キロ。サイド気味だが本格派、リリース低く腕はタテ気味。／右投／TQ／ave.149kmh／主な球種フォークボール／182cm／90kg

濵口 遥大▼標準系
ストレートは真上から投げる割にはシュート成分多めか。代名詞のチェンジアップのリリース動画美しい。／左投／上／ave.140kmh／主な球種チェンジアップ／173cm／80kg

山﨑 康晃▼伸び系
ストレートはシュート量多めか。インステップするフォームは、ツーシームとの相性も良さそう。／右投／上／ave.149kmh／主な球種フォークボール／179cm／88kg

T・バウアー▼伸び系
ストレートは伸び系。先進的な取り組みでマスターした変化球との組み合わせも良い。／右投／上／ave.151kmh／主な球種カットボール／185cm／93kg

球団別投手タイプリスト◆埼玉西武ライオンズ

髙橋 光成▼標準シュート系
球質は重そうな標準シュート系。ゴロの多い投球、よく考えられた球種の構成。／右投／上／ave.147kmh／主な球種フォーク／190cm／105kg

隅田 知一郎▼伸びシュート系
伸びシュート系のストレートに変化球のレベルも高い。負け先行のルーキーイヤーも怪我無ければ飛躍確実。／左投／上／ave.145kmh／主な球種チェンジアップ／177cm／76kg

D・エンス▼標準系
標準系のストレートとカットボールが中心。チェンジアップ系のボールも良いボール。／左投／上／ave.148kmh／主な球種カットボール／185cm／97kg

佐藤 隼輔▼標準系
ストレートは標準系だが球速・球質以上に速く見える。定評のあったスライダーが威力を発揮すれば。／左投／TQ／ave.145kmh／主な球種スライダー／182cm／83kg

松本 航▼伸び系
伸び系のストレートは威力を発揮。ヒップファーストを強調し過ぎるとコントロールに苦戦も。／右投／上／ave.146kmh／主な球種カットボール／176cm／87kg

與座 海人▼垂れ系
アンダースローから、リリースの低さを活かした投球。着々と向上し、10勝に到達。／右投／アンダー／ave.131kmh／主な球種スライダー／173cm／78kg

平良 海馬▼標準系
155㌔のストレートにレベルの高い変化球。十分MLBレベルでは。先発でも活躍する要素が揃う。／右投／上／ave.155kmh／主な球種スライダー／173cm／100kg

平井 克典▼垂れ系
出どころ見えづらそうなフォーム。垂れ系のストレート・ツーシームとスライダーのコンビ良い。／右投／サイド／ave.142kmh／主な球種スライダー／180cm／86kg

増田 達至▼伸び系
伸び系のストレートを中心に投げ込む。ストライクゾーンで勝負できる安定のクローザー。／右投／上／ave.147kmh／180cm／88kg／主な球種スライダー

今井 達也▼標準シュート系
身体が大きくなり球速も向上。成長速度はちょうど良いのでは。インステップでコントロールの調整必要か。／右投／上／ave.151kmh／主な球種スライダー／180cm／70kg

水上 由伸▼標準系
曲がりの大きなスライダーとツーシームの組み合わせが強力。バックに名手が守っていることも相性良い。／右投／上／ave.146kmh／主な球種スライダー／176cm／79kg

球団別投手タイプリスト ◆ 楽天ゴールデンイーグルス

田中 将大▼標準系
フォーム・球種の組み合わせ・ゲームマネジメント、NPB復帰後、勝利に恵まれないが究極の先発投手。／右投／上／ave.147kmh／主な球種スライダー／188cm／97kg

岸 孝之▼伸び系
大胆なアウトステップからの伸び系のストレートと大きなカーブ・チェンジアップの組み合わせは強力。／右投／上／ave.142kmh／180cm／主な球種チェンジアップ／77kg

早川 隆久▼伸び系
球質・球種・コントロールを完備。平均１４５キロはイメージよりも意外と速くない、ペース配分の結果か。／左投／上／ave.145kmh／主な球種チェンジアップ／180cm／76kg

則本 昂大▼伸びシュート系
伸びシュート系のストレートと強力な変化球。打者への対応力高く、コンディション崩れなければ活躍続く。／右投／上／ave.148kmh／主な球種フォークボール／178cm／82kg

瀧中 瞭太▼標準系
球速・球質ともに標準的だが、打者の特徴に合わせて投球できる対応力の高さ。／右投／上／ave.140kmh／主な球種カットボール／180cm／93kg

松井 裕樹▼伸び系
伸び系１４９キロに、１４０キロのフォーク、元々得意なスライダー。１イニングで攻略は困難。／左投／上／ave.149kmh／主な球種フォークボール／174cm／74kg

西口 直人▼伸び系
伸び系のストレートに、カットと落ちる系も良い。先発も務まりそう。／右投／上／ave.149kmh／主な球種フォークボール／183cm／83kg

宋 家豪▼標準系
ズドン系のストレートに、なかなか来ないチェンジアップ。ストレートは真っスラ系かも。／右投／上／ave.148kmh／主な球種チェンジアップ／185cm／92kg

安樂 智大▼標準系
来ない感のあるチェンジアップは良いボール。フォームのリズム良く技術が高い。／右投／上／ave.145kmh／主な球種チェンジアップ／186cm／87kg

福森 耀真▼垂れスラ系
１４９キロで上から投げて、垂れスラ系のストレートは打ちづらそう。制球も難しそう。／主な球種カーブ／右投／上／ave.149kmh／178cm／87kg

球団別投手タイプリスト ◆ 北海道日本ハムファイターズ

上沢 直之▼伸びスラ系
伸びスラ系のストレートに、140キロを超える変化球が3種類。コントロールも良く、敵は故障のみ。／右投／上／ave.146kmh／主な球種フォークボール／187cm／90kg

加藤 貴之▼標準シュート系
シュート系のストレートに似せた変化球が3種。規定投球回到達で12四死球は驚異。もっと勝っても良さそう。／左投／TQ／ave.138kmh／主な球種フォークボール／182cm／87kg

伊藤 大海▼伸び系
伸び系のストレートとスライダーのコンビネーションは貴重。投球パターンを増やすことができれば絶対的に。／右投／上／ave.146kmh／主な球種スライダー／176cm／82kg

杉浦 稔大▼伸び系
捕手寄り・低い位置でリリースできるタイミングの取りづらいフォームから伸び系のストレート。／右投／上／ave.146kmh／主な球種カットボール／190cm／88kg

北山 亘基▼伸び系
150キロを超える伸び系のストレート。三振、フライアウトの理由分かる。／右投／上／ave.151kmh／主な球種カーブ／182cm／80kg

堀 瑞輝▼標準系
サイド気味のスリクォーターから、スラーブ感のあるスライダー。2022年シーズンは不運も。／左投／TQ／ave.143kmh／主な球種スライダー／177cm／82kg

宮西 尚生▼標準シュート系
入り直す左肩が打者に取っては打ちづらそう。シュート系のストレートと代名詞のスライダーの相性良い。／左投／サイド／ave.141kmh／主な球種スライダー／180cm／80kg

吉田 輝星▼伸びスラ系
伸びスラ系のストレートは打ちづらい。スライダー・フォークが打者の嫌なボールになれば。／右投／上／ave.144kmh／主な球種フォークボール／175cm／83kg

球団別投手タイプリスト ◆ 福岡ソフトバンクホークス

東浜 巨▼標準系
平均球速が147キロに上がり、東浜投手のツーシーム、ピッチング技術、勝負カンが活きる。／右投／上／ave.147kmh／主な球種ツーシーム／182cm／83kg

大関 友久▼標準系
標準系だが高速の147キロと安定したコントロール、落ちる系のボールも威力を増した。／左投／TQ／ave.147kmh／主な球種フォーク／188cm／86kg

石川 柊太▼標準シュート系
シュート系の球質と曲がりの大きいパワーカーブの組み合わせ。ホームランか四死球かどちらか減らせれば。／右投／TQ／ave.146kmh／主な球種カーブ／185cm／91kg

和田 毅▼伸び系
球速は上昇傾向。チェンジアップ・スライダーとのシンプルな球種の組み合わせ。コンディションさえ整えば。／左投／上／ave.142kmh／主な球種スライダー／179cm／80kg

杉山 一樹▼伸び系
ストレートは151キロで伸び系。変化球とコントロールが伴えば。／右投／上／ave.151kmh／主な球種フォークボール／193cm／104kg

又吉 克樹▼標準シュート系
シュート系のストレートにツーシーム、カットボールも球速は変わらず。連打は難しい。／右投／サイド／ave.145kmh／主な球種カットボール／181cm／74kg

津森 宥紀▼標準シュート系
サイドから148キロのシュート系のストレートを投げるパワー投手。／右投／サイド／ave.148kmh／主な球種スライダー／176cm／83kg

L・モイネロ▼伸び系
152キロのストレート、チェンジ・スライダー・カーブも一流のボール。四死球が最大のチャンス。／左投／上／ave.152kmh／主な球種スライダー／178cm／69kg

J・ガンケル▼標準系
ストレートは標準的だが有効な球種。カウボーイ感のある腕の振りの方向と逆に行くチェンジアップが有効。／右投／TQ／ave.143kmh／主な球種ツーシーム／199cm／101kg

藤井 皓哉▼伸び系
驚異の奪三振率を実現する伸び系のストレートと、多分日本一のフォーク。広島時代から＋10キロ。／右投／上／ave.151kmh／主な球種フォークボール／183cm／87kg

R・オスナ▼伸び系
伸び系の153キロのストレートに変化球も一流。フォームでタイミング外すことまでしなくても……。／右投／上／ave.153kmh／主な球種スライダー／188cm／104kg

高橋 礼▼垂れシュート系
垂れシュート系でゴロを打たせる投手。守備との連携がカギ⇩四死球を防ぎ、走者なしの状況を保ちたい。／右投／アンダー／ave.136kmh／主な球種スライダー／188cm／86kg

球団別投手タイプリスト ◆ 千葉ロッテマリーンズ

佐々木 朗希▼伸びシュート系
伸びシュート系のストれーとは、２０２１年から２０２２年にかけて平均球速＋６キロ。急がず故障防止に。／右投／上／ave.158kmh／主な球種フォークボール／190cm／85kg

石川 歩▼標準系
ストレート自体は標準系だが、シンカー、ツーシームが威力を発揮。／右投／上／ave.142kmh／主な球種シンカー／186cm／80kg

小島 和哉▼伸びシュート系
スピンの効いたストレートを打者に意識させればカットボール、チェンジアップもさらに効果的に。／左投／上／ave.143kmh／主な球種カットボール／177cm／85kg

東條 大樹▼標準シュート系
１４６キロのシュート系のストレートと、大きなスライダーはそれぞれ一級品。組み合わせも効果的。／右投／サイド／ave.146kmh／主な球種スライダー／177cm／85kg

益田 直也▼伸びシュート系
伸びシュート系のストレートと、シュート系で落ちるシンカーとの組み合わせが打ちづらい。／右投／TQ／ave.148kmh／主な球種シンカー／178cm／80kg

佐々木 千隼▼標準シュート系
シュート系のストレートにカーブ、シンカーの組み合わせ。ストレートはいわゆる動くボールなのかも。／右投／TQ／ave.140kmh／主な球種カーブ／181cm／83kg

佐藤 奨真▼標準系
「間」のあるフォームからの投球で2勝。カーブ、チェンジも良いボール。球団のスカウティング・発掘能力／左投／上／ave.136kmh／主な球種カーブ／177cm／78kg

美馬 学▼標準系
高い技術からの多彩な球種が相乗効果を発揮。投球パターン多く、10勝に到達。／右投／上／ave.144kmh／主な球種フォーク／169cm／75kg

澤村 拓一▼標準系
ストレートは標準系だが平均１５４キロの球速はトップクラス。高速スプリットとのコンビネーション。／右投／上／ave.154kmh／主な球種フォークボール／183cm／96kg

球団別投手タイプリスト ◆ オリックスバファローズ

山本 由伸▼標準系
152キロのストレートに、150キロに迫る高速系の変化球、120キロ台のカーブ。攻略難しい。／右投／上／ave.152kmh／主な球種フォークボール／178cm／80kg

山岡 泰輔▼伸び系
伸び系のストレートに縦の大きなスライダーの組み合わせは強力。／右投／上／ave.144kmh／主な球種スライダー／172cm／68kg

宮城 大弥▼垂れシュート系
垂れシュート系。スライダーの曲がり、カーブの抜け感とのギャップも効果的。チェンジの落差も。／左投／TQ／ave.144kmh／主な球種スライダー／171cm／78kg

山﨑 福也▼標準系
ストレートの球速は上昇傾向。優れた指先感覚を活かした多彩な変化球をより効果的にしている。／左投／TQ／ave.143kmh／主な球種チェンジ／188cm／95kg

田嶋 大樹▼標準シュート系
快速球系のストレート。球速以上の速さを打者が感じそう。スライダーが投げやすそうな腕の角度。／左投／TQ／ave.144kmh／主な球種スライダー／182cm／80kg

平野 佳寿▼標準系
伸び系の要素もありそうなストレートに、落差の大きなフォーク。この2球種のコンビネーションは強力。／右投／上／ave.147kmh／主な球種フォークボール／186cm／88kg

J・ワゲスパック▼真っスラ系
真っスラ系のストレートは球速もあり、打ちづらい。チェンジ、ツーシームとの組み合わせも合理的。／右投／上／ave.152kmh／主な球種チェンジアップ／198cm／106kg

阿部 翔太▼伸び系
伸び系のストレート、フォークの落差、精密なコントロール。1イニングあたり被安打0・5は驚異的。／右投／上／ave.147kmh／主な球種フォークボール／178cm／80kg

本田 仁海▼標準系
球速が一番の武器のリリーバー。変化球の質も高い。四死球が減少すればさらに安定。／右投／上／ave.153kmh／主な球種スライダー／181cm／74kg

宇田川 優希▼伸び系
伸び系のストレートにフォークの威力もすごい。オリックスのリリーフ陣にはMLB感。／右投／上／ave.153kmh／主な球種フォークボール／184cm／92kg

山﨑 颯一郎▼伸び系
平均球速151キロはまだ上がる。宇田川投手のフォークを完コピできれば。元吹田市民としては気になる投手。／右投／上／ave.151kmh／主な球種フォークボール／190cm／92kg

球団別投手タイプリスト ◆ メジャーリーグ

大谷 翔平▼スラ系
２０２２年はスライダーの割合を大きく増やした。投手としての全盛期に期待。／右投／TQ／ave.157kmh／主な球種スライダー／193cm／102kg

ダルビッシュ有▼伸び系
伸び系のストレートに多彩な球種。まさに２人分の投球パターン。／右投／TQ／ave.153kmh／主な球種カットボール／196cm／100kg

菊池 雄星▼標準シュート系
実力のあるサウスポーも、２０２１年、２０２２年とシュート成分が増加傾向。／左投／上／ave.153kmh／主な球種カットボール／183cm／91kg

ジェイコブ・デグロム▼標準系
ピッチャーのお手本。力みのないフォームから１６０キロの４シーム、１５０キロ後半のスライダー。／右投／上／ave.160kmh／主な球種スライダー／193cm／82kg

前田 健太▼標準系
トミージョン手術からの復活に期待。ＹｏｕＴｕｂｅでスライダーの握りの公開、素晴らしい。／右投／上／ave.146kmh／主な球種スライダー／185cm／84kg

藤浪 晋太郎▼垂れ系
１５０キロを超える球速が垂れ系なのは、打者に取って打ちづらい。コントロール安定すれば。／右投／TQ／ave.154kmh／主な球種フォークボール／197cm／98kg

千賀 滉大▼標準系
１５５キロの高速ストレートにお化けフォークなど最高の球種の組み合わせ。ＭＬＢでも活躍可能性高い。／右投／上／ave.155kmh／主な球種フォークボール／186cm／92kg

球団別投手タイプリスト ◆ レジェンド1／3

金田 正一▼伸び系
伸び系のストレートと縦のカーブの組み合わせ良さそう。体重移動の「間」もすごい。／左投／上／ave.150kmh／主な球種カーブ／185cm／73kg

山口 高志▼伸び系
伸び系のストレート、もしかすると伸びスラ系。究極の伸び系投手。／右投／上／ave.153kmh／主な球種カーブ／169cm／78kg

野茂 英雄▼伸び系
伝説的なフォークボールを支える伸び系のストレート。ワインドアップから身体全体使いそう。／右投／上／ave.148kmh／主な球種フォークボール／188cm／100kg

藤川 球児▼伸び系
伸び系投手の理想形。解説から野球への理解力うかがえる。頭脳と技術の融合＝活躍。／右投／上／ave.147kmh／主な球種フォークボール／185cm／90kg

上原 浩治▼伸び系
キャッチボールでリリースの音が聞こえる。フォークとの相性良く、コントロールの良さ、度胸を兼備。／右投／上／ave.144kmh／主な球種フォークボール／187cm／87kg

江川 卓▼伸び系
かつての映像を見ても、ボールの伸び感、ホップ感を感じる。引退早かったのでは。／右投／上／ave.144kmh／主な球種カーブ／183cm／90kg

工藤 公康▼伸び系
フォームのリズムは、ピッチングのお手本。キャッチボールの映像見ても伸び系は間違いなし。／左投／上／ave.142kmh／主な球種カーブ／176cm／80kg

山本 昌▼伸び系
球速から乖離したスピン量。スクリューボールとのコンビネーションが強力。投手についての解説面白い。／左投／TQ／ave.137kmh／主な球種スクリューボール／186cm／87kg

石井 一久▼伸びシュート系
伸びシュート系の剛球と、大きなスラーブ。自分のピッチングを続ける大切さ感じる。／左投／TQ／ave.148kmh／主な球種スライダー／185cm／100kg

桑田 真澄▼伸びシュート系
伸びシュート系のストレートに大きなカーブ。他の球種もバランス良く、バッティングも素晴らしい。／右投／上／ave.145kmh／主な球種カーブ／174cm／80kg

球団別投手タイプリスト◆レジェンド2／3

松坂 大輔▼伸びシュート系
あと10年遅く生まれていれば160キロも。伸びシュートと大きなスライダーの相性良かった。／右投／上／ave.150kmh／主な球種スライダー／182cm／92kg

郭 泰源▼伸びシュート系
伸びシュート系のストレートと140キロを超えるスライダー。コンディション良ければ打てない。／右投／TQ／ave.150kmh／主な球種スライダー／180cm／72kg

伊藤 智仁▼伸びシュート系
しなやかな身体から、伸びシュート系のストレートとすさまじいスライダー。長く見たかった。／右投／TQ／ave.148kmh／主な球種スライダー／183cm／76kg

ノーラン・ライアン▼伸びシュート系
160キロのストレートに大きなカーブとチェンジアップ。『ピッチャーズバイブル』は名著。／右投／上／ave.155kmh／主な球種チェンジアップ／188cm／89kg

マーク・クルーン▼標準系
球速の高速化の走りの投手。フォークボールとの組み合わせは強力。／右投／上／ave.153kmh／主な球種フォーク／188cm／86kg

槙原 寛己▼標準系
150キロを超えるストレート、スライダーに加えてフォークも。村上龍の小説にも名前が登場した。／右投／上／ave.150kmh／主な球種スライダー／187cm／97kg

桑原 謙太朗▼真っスラ系
本当の真っスラで、バッターも打ちにくく、キャッチャーも捕りにくかったのでは。／右投／TQ／ave.148kmh／主な球種カットボール／184cm／86kg

斉藤 雅樹▼真っスラ系
サイドから球速も速く、真っスラ気味では打ちづらい。バッティングも良くセで20勝の条件揃えている。／右投／サイド／ave.143kmh／主な球種カーブ／181cm／90kg

中込 伸▼真っスラ系
真っスラを武器に活躍。阪神タイガースの苦しい時期を支える。／右投／上／ave.144kmh／主な球種カットボール／183cm／104kg

黒田 博樹▼標準シュート系
現時点で日本最後の200勝投手。速球派が、渡米しモデルチェンジ。2シームの威力を日本復帰後も見せつけた。アマ時代は「ズドン」系。／右投／上／ave.151kmh／主な球種2シーム／185cm／93kg

球団別投手タイプリスト ◆ レジェンド3／3

村田 兆治▼標準シュート系
当時珍しいトミージョン手術を受け200勝に到達。マサカリ投法で右股関節に乗り、揺れ気味のフォークも。／右投／上／ave.147kmh／主な球種フォークボール／181cm／78kg

稲尾 和久▼標準シュート系
シーズン42勝など爆発的な活躍。スライダー系のボールは絶品で、対になるシュート系のストレート。／右投／TQ／ave.145kmh／主な球種スライダー／180cm／80kg

東尾 修▼標準シュート系
通算251勝、「打ちづらさ」を極めた投手。若い時期の酷使に耐え、長い全盛期。日本一タフな投手では。／右投／TQ／ave.145kmh／主な球種スライダー／177cm／79kg

山田 久志▼標準シュート系
通算284勝。アンダースローの速球派、後にシンカーを武器に長い現役を送る。『山田久志 投げる』は投球感覚を示した名著／右投／アンダー／ave.140kmh／主な球種シンカー／176cm／77kg

斎藤 佑樹▼垂れ系
ストレートはゴロを打たせる系の球質に見える。巧みなピッチング、勝負強さ。／右投／上／ave.139kmh／主な球種フォークボール／176cm／77kg

鹿取 義隆▼垂れシュート系
身体のターンで腕が振られて、逆方向に曲がる変化球。長く活躍する理由分かる。／右投／サイド／ave.140kmh／主な球種スライダー／174cm／78kg

潮崎 哲也▼垂れシュート系
左投手のカーブのようなシンカー。現代の技術で計測してみたかった。／右投／サイド／ave.142kmh／主な球種シンカー／177cm／75kg

高津 臣吾▼垂れシュート系
「全力で遅い球を投げる」という抜き球の基本を著書で強調されていた。ヤクルト時代のストレート速い。／右投／サイド／ave.140kmh／主な球種シンカー／180cm／75kg

ランディ・ジョンソン▼標準シュート系
208センチから、独特のTQの角度からシュート気味のストレートとえげつないスライダー。300勝投手。／右投／TQ／ave.153kmh／主な球種スライダー／208cm／102kg

マリアーノ・リベラ▼伸びスラ系
伸びスラの代名詞。自伝では突然カット系のストレートが投げられるようになったとのこと。／右投／上／ave.153kmh／主な球種カットボール／188cm／89kg

尾崎 行雄▼伸びシュート系
150キロ台後半は出ていて当然の腕の振り。170キロを投げたアメリカ人投手が似ている。／右投／TQ／ave.151kmh／主な球種不明／176cm／83kg

球質完コピのすゝめ

以上、球質について紹介をしてきました。メジャーリーグでは、本書で紹介してきたような球質のビッグデータを蓄積し、「こういう特徴だと打たれにくい」という仮説を構築しています。こういった球質データの蓄積を用いて、米国最先端のトレーニング施設「ドライブライン」では、球種マスター・球質改善のための土台になっていました。

日本では、球質データが公開されていなくてなかなか難しい面もあります。講演や指導の際には、「同じチームの良い投手の球質を、ラプソードで確認して完コピしましょう」と薦めています。しかし、ＷＢＣのデータ公開もあり、かなり「どんな回転をしているか」が分かってきました。

ストレートの各タイプの球質については、ＱＲコードでご紹介しました。変化球についてもご紹介します。

本章で示すＱＲコードを読み込んで、ぜひ超一流投手たちの球質の完コピに努めてください！

●フォークボール
お化けフォーク
千賀滉大（ニューヨーク・メッツ）

●フォークボール
異次元のフォークボール
佐々木朗希（ロッテ）

●スイーパー
WBC優勝スイーパー
大谷翔平（ロサンゼルス・エンゼルス）

●横スライダー
メジャー屈指のスライダー
ダルビッシュ有（サンディエゴ・パドレス）

●スイーパー
世界基準のスイーパー
トレバー・バウアー（DeNA）

●カーブ
「絶品カーブ」
山本由伸（オリックス）

＊ドラフト候補調査隊 武田幸宏氏の協力のもと作成。元データは、千賀滉大選手のみ撮影映像から解析、それ以外はBaseball Savantから取得。回転はあくまでもイメージであり、推定も含みます。

Chapter 3

データ活用の最新事例

1

新時代のコーチング@ネクストベース・アスリートラボ

本書を執筆するにあたり、新たに創設された『ネクストベース・アスリートラボ』への取材は欠かせないものだと考えていました。最先端のトレーニング施設の概要を知ることは当然のことながら、さらに腑に落ちる理解をしたいと思い、私自身が投球フォームと球質を計測してみました。そこから、「今、どんなことまで分かるのか」をお示ししたいと思います。

投球フォームが評価できる

ネクストベース社が作ったラボの施設を見ると、「これからコーチの役割はどう変わっていくのか?」ということを考えざるをえません。私も30年かけて、「〃投げる〃とは、こういうことではないか」という自分なりの物差しを作り上げ、それをもとに投手の評価を行なってきましたが、それ以上の精度で投手のフォームを計測し、評価することができるのです。

投球フォームという不確定要素を確定要素に

ラプソードで球質を計測できれば、「どんなボールを投げているのか」が分かります。一つの指標（＝ラプソードでの計測値）を得ることで、その指標を基準にして、「〇〇というトレーニングによって、ボールがどう変わったか」「〇〇というコーチングによってボールがどう変わったか」「〇〇というフォーム変更により、ボールがどう変わったか」というように、ボール（球質）から逆算して、身体の動きの変化を推測することができます。まさに「電子式カベ当て」です。これだけでも、コーチングにおいては大きな効率化です。

つまり、一つの確定要素（ラプソードでの計測値）と、一つの不確定要素（投球フォームや身体の動き）があって、不確定要素を推測しながら改善への試行錯誤します。その試行錯誤に対して、アイデアを出したり、コーチングをすることがコーチの役割でした。しかしラボでは、フォーム（身体の動き）の計測ができます。例えばハイスピードカメラ（光学モーションキャプチャシステム）と、投手が地面に対して与えている力が分かるフォースプレートを用いた動作解析によって、「どう動いているか」「どこでエネルギーロスをしているか」が分かれば、「どう改善するか」のヒントが出てきます。これまで「選手の感覚」や「コーチの目」に頼るしかなかった、つまり「不確定要素」だった投球フォームや身体の動きを計測することができ、確定要素になっています。確定要素が増えると、コーチの役割はかなり縮小します。フォームや動作のアイデア出しや評価、試行錯誤を選手自身で行なうことができるからです。

ラボでは、フォーム（身体の動き）の計測ができます。ハイスピードカメラとフォースプレートを用いた動作解析によって、「どう動いているか」「どこでエネルギーロスをしているか」が分かり、良い投手と比較することで効率的なトレーニングが可能になります（図1）。

一つの実験として、私と150キロ以上の球速を投げる投手を比較してみましょう。

まず私の投球フォームと球質を計測したとこ

図1　ネクストベース・アスリートラボの設備

ろ、117キロを計測しました。私は現在47歳ですが、もう少し球速が出ると思っていました。私自身がコーチングを行なう際に、よく「ダメ出しが最高のアドバイス」という言葉を使います。弱点や欠点の指摘は、本人にとってもコーチにとっても互いに辛いものですが、避けては通れない、向き合うことで大きく成長する、という意味です。今回は、私自身が「ダメ出し」を受け、「最高のアドバイス」を受けることができました。

投球におけるエネルギーの流れが分かる

まず、ボールを投げる時のエネルギーの流れ（フロー）について説明しましょう。

足から、骨盤にエネルギーが伝達されると、次に胸郭（みぞおちから首までの部分）に伝わり⇩上腕（肩から肘）⇩前腕（肘から手）⇩そして手・指からボールに伝わる、というのが一般的なエネルギーの流れ（フロー）になります。地面から、下半身⇩上半身⇩ボールへと力が伝わっていく流れは、イメージしやすいものではないでしょうか。その上で、こんな答えが出てきました。

〈なぜ私のボールは遅いのか？　理由1：胸郭への伝達ロス〉

投球において、骨盤⇩胸郭⇩上腕⇩前腕⇩手⇩指の順にエネルギーのピークを迎えるはずなのに、私の場合は胸郭、骨盤の逆の順序でエネルギーのピークを迎えていることが、ラボで分かりました。

フィードバックを行なっていただいた神事努先生によると、「上体が突っ込んでいる」または「上体が開いている」可能性があるとのことでした。

そのためか、150キロ投手との比較を行なうと、骨盤のエネルギー量は腰高な私の方が大きいのですが、にもかかわらず、胸郭のエネルギー量は大幅なマイナスと、大きく劣っていました。一流投手は、骨盤から胸郭にいく間に、エネルギーが3倍ほど増えていきますが、私は2・19倍に留まっていました（図2）。

胸郭のエネルギー量が少ないのには別の原因もあって、「体幹が弱いことによるエネルギーの漏れ」と、「胸郭の硬さからエネルギーロスが生ま

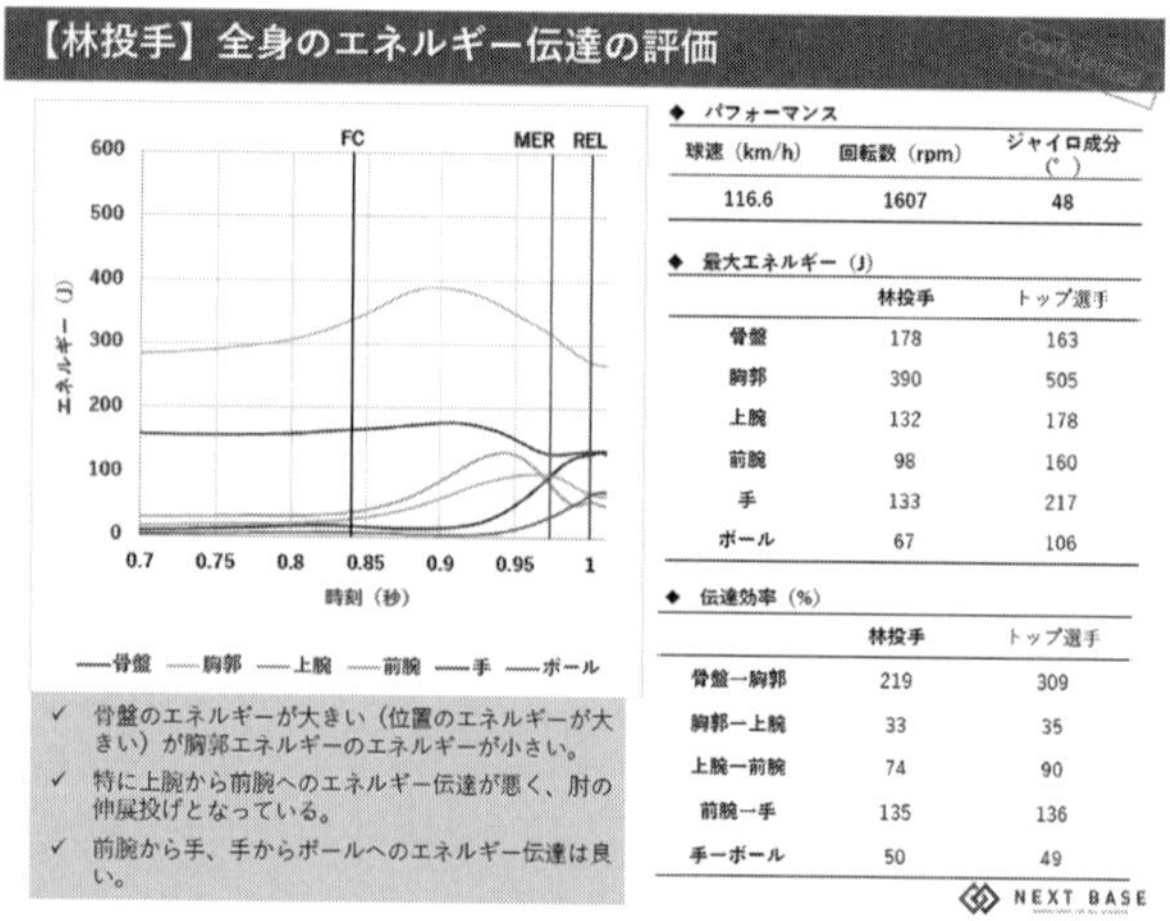

図2　ネクストベース・アスリートラボでの筆者の被分析結果

れている可能性」も指摘されました。胸郭のエネルギー量の低さ、伝達効率の悪さをはっきりと示されると、「身体を下から順番に使う」「体幹トレーニング」「胸郭のストレッチ」の必要性をまざまざと感じます（図3）。

〈なぜ私のボールは遅いのか？　理由2：上腕から前腕への伝達ロス〉

　私のエネルギーの伝達効率が悪いのは、上腕から前腕への伝達です。150キロ投手は上腕から前腕へのエネルギーロスが10％ですが、私の場合は、26％のエネルギーロスが生じています。神事先生には、「上腕から前腕への伝達が非常に悪い」と指摘を受けました（図4）。

　上腕から前腕への伝達効率が低い理由の一つとして、「ダーツ投げ」があります。

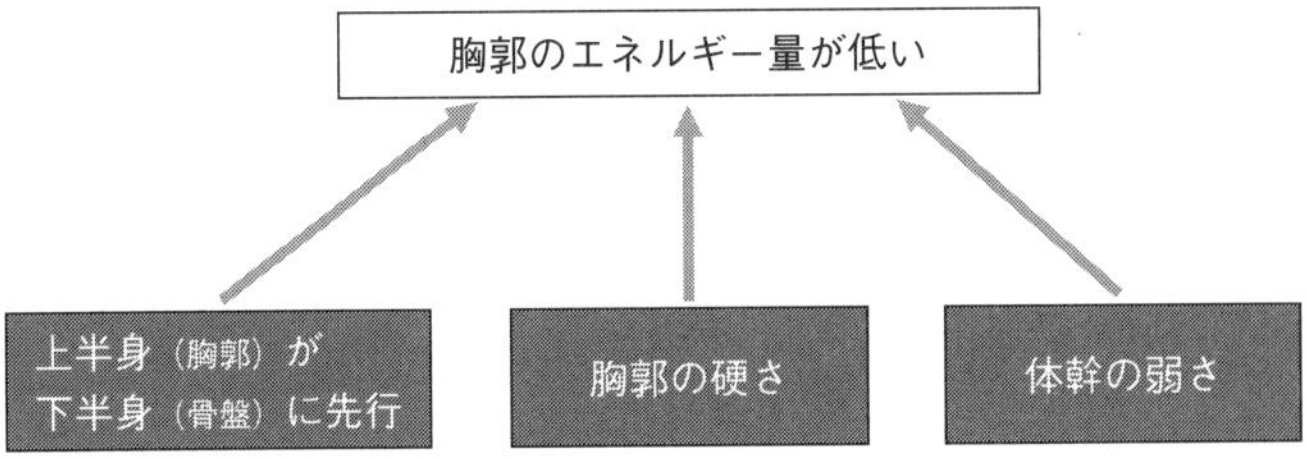

図3　胸郭でのエネルギー損失の原因

私の場合、「骨盤（腰）と胸郭のセパレーション（ねじれ）」は十分に起きている一方で、胸郭と肩関節のセパレーションが不十分になっています。それが「肘が身体の前にある時間が長く、肘の曲げ伸ばしで投げようとしている」という特徴に繋がります。

胸郭と肩関節のセパレーションについては、肩の水平外転（両肩を結んだ線から肘を背中側に引く動き）が、１５０キロ投手では63度ありますが、私の場合は10度しかありませんでした。トップ選手では40度くらいは平均的にあるそうです。後ろに引かれている腕が「ビヨン」と戻ってくることで、効率の良いエネルギー伝達が起こります。

思い当たる節はあります。社会人野球でプレーしていた当時、抜けたボールを投げないように、「腕が遅れないこと」「リリースポイントまで手で

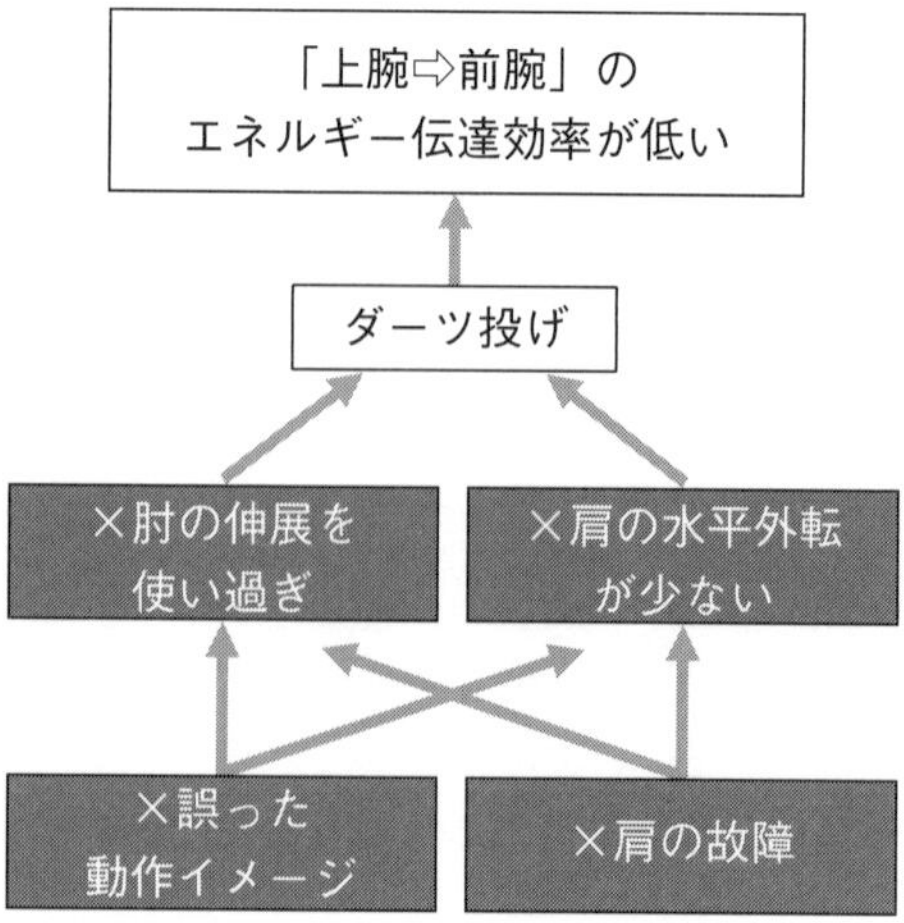

図４　前腕でのエネルギー損失の原因

もっていくこと」を意識していた時期がありました。このイメージと、今回の計測結果はマッチしています。

この、胴体の前側に腕があることで水平外転が小さく、肘の曲げ伸ばしによって投げる投げ方が、「ダーツ投げ」という表現になります。ボールに大きなエネルギーを与える、つまり速くて回転の多いボールを投げるためには、不利であることが計測によってよく分かりました。

しかし、ここまではっきりと私のボールが遅い原因が分かれば打ち手は明確になってきます。

「胸郭」対応：胸郭ストレッチ、体幹強化、突っ込み防止、開き防止。

「上腕⇩前腕」対応：肩の治療、投球イメージの変化、肘の伸展のチェック。

計測結果や神事先生のフィードバックが理解できて自分のやるべきことが明確になりました。

肘の故障リスクも分かる

私は今、ネクストベース・アスリートラボでの計測を、多くの方に勧めています。費用の問題もありますが、本来は小学生から高校生の若い年代の方が計測をすると良いでしょう。なぜなら、肘の故障リスクが分かるからです。

「トミー・ジョン手術」と呼ばれる肘の内側側副靱帯を再建する手術は、大谷翔平選手やダルビッシュ有選手など有名選手も受けたことでよく知られるようになっています。内側側副靭帯の損傷は、肘に繰り返し負荷がかかることによって発症します。ただ、どれだけの負荷が肘にかかっているかは、投手による違いがあると考えられます。ラボでは、肘にかかる負荷を測定し、肘の故障リスクを示してくれます。

神事先生によると、「肘にかかる負荷の最大値を球速で割った値が、2・5を超える投手は故障リスクが高い」とのことです。私は2を切っており、靭帯を損傷するリスクは低いとのことでした。この原因の一つは、球速が低く、負荷の最大値そのものが低いこと、もう一つは、「ダーツ投げ」であり肘を押し出すようにして投げていることです。

肘の故障リスクが分かることは、とても重要な

神事准教授（左）と説明を受ける筆者（右）

ことです。私の経験則では、投手は投球が良くなった時に故障することが多く、注意が必要です。エネルギーフローが改善されたことによって、肘に流れ込むエネルギー量が増大することは故障リスクを高めることにもつながりかねません。成長と故障リスクの上昇をチェックできることは本当に有益です。

また、投げ込みをするか否かについても、肘の故障リスクが少ない投手なら、投球数が多めでも良いと考えられます。逆に故障リスクが高い投手は、細心の注意を払うべきでしょう。コーチングにおいて、一人一人の選手に合った方法を模索する「カスタマイズ」はとても重要です。肘の故障リスクを把握することで、各投手の練習や試合での登板を「カスタマイズ」できるのです。

2 ソフトバンク　育成王国を支える計測チーム

続いて、NPBに目を向けてみましょう。福岡ソフトバンクホークスは、ここ2年間は優勝から遠ざかっていますが、近年のチーム成績から現在の日本プロ野球をリードする存在であると言ってもまったく過言ではないでしょう。豊富な資金力を背景に様々なチーム強化策を打ち出すソフトバンクですから、当然、データ分析、活用の部門においても、先進的なアプローチが行われていると以前から興味をもっていました。

その基幹となるのが、2020年に立ち上げられたR&Dチーム（リサーチ&デベロップメント＝調査開発セクション）です。前年（2019年）の秋季キャンプで、米国からドライブラインのスタッフに来てもらい動作解析を行ったようですが、その際、「自チームでやれないものか」という意見が上がり、設置された部署のようです。ここにバイオメカニクスのスペシャリストで国立スポーツ科学センターの研究員でもあったスポーツ科学博士の城所収二氏を招聘し、データサイエンス部門の強化を図っています。この部署を統括する立場にある関本塁GM補佐兼データ分析担当ディレクターを取材し、チームの現状、広域でのプロ野球のデータ分析の現状についてお聞きしています。

林　現在、R&D部門ではどんな取り組みをされているのですか？

関本　R&Dには、マーカーレス計測が可能な（マーカーを付けずに計測できる）モーションキャプチャーも導入しています。今は徐々にバイオメカニクス的方法で測る方に移行しています。このマーカーレスのモーションキャプチャーは、実際にバッティングをするゲージやブルペンで測ることができます。

城所のチームは、じっくり研究レベルでやることと、「BLASTMOTION」「K-Vest」「ラプソード」といった市販の計測機器を使ってざっくりと測ることの二つを並行しています。シーズン中に遠征先で測りたい選手がいたら、そういったデバイスを使って計測を行なっています。バイオメカニクスの専門家は、2022年にも1名採用しました。ただ、バイオメカニクスの研究室を作るというわけではありません。臨床研究というより、プロ野球の現場にいる方が扱えるデータがあって、それを使って研究しながらチームを勝たせるというのが城所の役割になります。

林　R&Dでの研究は、現場にどんなふうに活かされているのですか？

関本　最後のアウトプット、選手に伝えるフィードバックの方法はシート（書面）や口頭なので、選手にどう響いているのかは人それぞれだと思います。正直に言って、そういったデータや計測結果を気にする選手は気にするし、気にしない選手は気にしません。コーチ陣はデータや計測結果を気にしてくれていますね。
　ただ、「気にしない選手は気にしない」というスタンスで良いとも考えています。興味のある選手に対しては、選手の時間や体力に余裕がありそうな時に、隙間を見つけてじっくり測ります。興味のない選手へのスタンスとしては、とくに一軍の選手に対しては、強制で計測をすることはしません。
林　データや計測に対する興味がなく、試合でも結果が出ていない選手に対してはどう対処されま

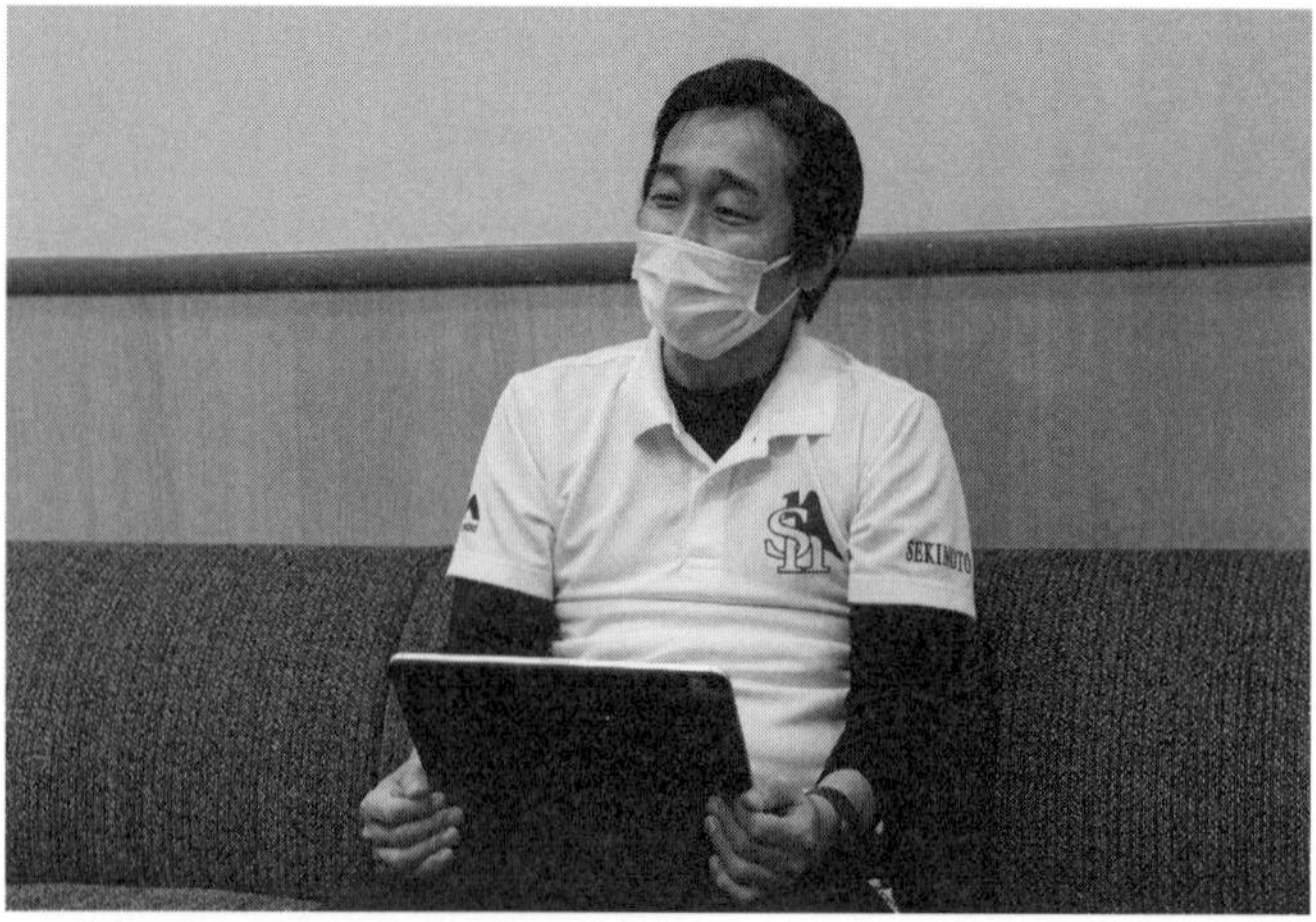

関本塁 GM 補佐兼データ分析担当ディレクター

すか？　私の経験上、本当は計測して改善の糸口を探した方が良い選手が、データに興味をもたない、計測しない、というケースがあります。

関本　選手にプロ意識があるかどうか、ということだと思います。選手側も、興味があって突き詰めてやれるかどうか。

データや計測への興味と、野性的な感覚の両方があるのが理想だと思います。本能でやることだけで進んでいって、その能力が衰えたらプレーできなくなるというのは勿体ない。逆に、データや計測はあくまで選手としての成長や試合で結果を出すための「道しるべ」に過ぎませんが、その上だけを歩こうとされても困ります。両方のバランスを取りながら進んでいくのが大事ではないでしょうか。

林　両方のバランスが上手く取れている選手の事例はありますか？

関本　いろいろなことを取り入れるのはピッチャー側かもしれませんね。ハイスピードカメラを入れたり、トラックマンやラプソードが導入される前からボールで測れるもの、今で言えば「MA－Q（マキュー：球速や回転数を計測することが可能なミズノ社製のボール）」的なものがあったら使ったりしていました。興味をもつのはピッチャーでしたね。千賀滉大投手（現・ニューヨークメッツ）や石川柊太投手などです。

シーズン中にラプソードで計測を行なうことがあります。先発投手はローテーションがあるので全員は測れませんが、中継ぎ投手には「無理して測らなくていいよ」と言っていても、自分から測りに来る投手が結構います。やはりピッチャー陣は興味があるのですね。ボールの動きを研究するということもありますが、城所がバイオメカニクスの専門家ということもあり、今後は身体の動きにもシフトしていく、ボールの動きと身体の動きの組み合わせを見ていくということになるので、まずボールのほうはラプソードで計測した、というところです。

フォーカス

マーカーレスモーションキャプチャー

ソフトバンクでは、マーカーレスで計測できるモーションキャプチャーを導入しています。そして、徐々にバイオメカニクス的方法で測る方に移行しているようです。

投手に関して言えば、ラプソードなどの計測機器を用いてボールを測ることから、「ボールを生み出す身体の動き」を計測する方向に進んでいます。また、モーションキャプチャーを用いて動作解析を行なっているとのことでした。前項でネクストベース・アスリートラボでの、モーションキャプチャーを用いた動作解析のレポートを行なっています。ドライブラインでも同様に動作解析を行なっていました。

ネクストベースやドライブラインでは、「室内で、ユニフォームを脱いで、マーカーを身体に付けて」という実験室に近い形で動作解析が行なわれていました。

関本氏が導入を明かしたマーカーレスのモーションキャプチャーは、1億円を超えるであろう高額なシステムです。しかし、マーカーを付けないことで、「いつものユニフォームに近い状況で」「いつもの練習場や試合場で」計測することが出来ます。シーズン中や練習中に計測を行なうことを考えれば、ラボやトレーニング施設で、ウェアを脱いでマーカーを着けて行なう動作解析ではなく、選手に面倒な負担をかけることなく動作解析を行なう方法として、マーカーレスのモーションキャプチャーを導入することはよく理解できます。

城所博士がスタッフに加わったことで、研究レベルの分析を行なうことも可能になっています。一方では、ラプソード（約70万円）やブラストモーション（約2万円）、K－Vest（約80万円）といった比較的安価で容易に計測できるデバイスも用いて、選手の能力を測り、向上させていることが分かります。ソフトバンクが、「研究レベルに近いこと」と「グラウンドレベルでのコーチングに活かせること」の両面から、科学的なアプローチを用いていることが分かります。

林　それぞれのピッチャーは、自分の投げるボールの球質については試合での計測データもあって、おおよそ分かっているのですか？

関本　もちろん分かっています。ただ、「意識的に投げたボールがどうなるのか」を知りたい場合は練習の時に測ります。それと、「間違っていないと同意してほしい」というのがあるんです。「いいよね」と言ってほしい。「どっちのボールが良いか分からない」と迷った場合などには、そのひとことで、「こっちでいいんだ」というふうに確認ができる。そうやって、選手は背中を押してほしい。そういう面が意外と大きいんです。

例えば回転数でも、「回転数が１００回転違ったからどう違うの?」という面もあります。数値が高ければ良い、回転数を上げれば良いかというとそうではなくて、その投手のベースとなる回転数や計測結果があった上での「１００回転上がった、下がった」とか、意識的に下げることも大事だったりするんです。そういったことを理解して。「認める」ということだと思います。

林　それを聞いて思い出すのは、ドライブラインの創設者カイル・ボディが言った、計測を重視して科学的アプローチに力を入れているにも関わらず、「結局、最後に選手に自信をもってもらってグラウンドへ送り出すことが重要だ」という言葉です。

関本　そのカイル・ボディのデータや計測に対するスタンスは、私たちとすごく似ていると思います。実際にドライブラインのプログラムはホークスでも選手個人でやり始めていますが、選手にとっては、ドライブラインは相談できる海外の施設で、私たちは相談できる日本人という、同じような感じではないでしょうか。その選手に親身になって、合ったものを一緒に探しながら模索する、「カスタマイズ」してくれる存在は大事でしょうね。

フォーカス　**選手は背中を押してほしい**

関本氏は、R＆D部門と試合におけるデータ（ゲームデータ）部門を統括する立場にも関わらず、一度も「○○回転だったら良い」「○○ジュールのエネルギーを発揮すれば良い」という話はされませんでした。

シーズン中に、1軍で戦っている投手が計測を行ないたがる理由として、「褒められたい」「背中を押してほしい」を挙げています。ドライブラインのカイル・ボディも「最後に選手に自信をもってもらってグラウンドへ送り出すことが重要だ」と言っていて、東京ヤクルトスワローズの高津臣吾監督は、「絶対大丈夫」という言葉を用いて2021年にチームを日本一に導きました。関本氏、カイル・ボディ、高津監督が行なっているアプローチは同じものに見えます。最先端の施設や計測機器を用いたとしても、プレーする選手は人間であり、選手は試合では不安を抱えやすいということを見抜き、サポートしているのでしょう。

関本　ドライブラインのような施設は、これまでは各球団のR＆Dチームにとってライバルのような存在でした。ああいうことをみんな自前でやろうとしていました。ただ、今では選手育成についてアウトソーシングできる先が明確になったという捉え方もできます。選手がトレーニングを行なう選択肢が増えているという面では良いですね。ただ、ここは表現が難しいことですが、コーチにとっては、これまでのコーチングを変えていく必要に迫られていると思います。

林　たしかに計測結果を基に科学的なコーチングが進み、部分的にせよ専門の施設がコーチングを担うようになると、コーチの役割も変化せざるをえません。

関本　今後、コーチの役割は、コーディネーターとかマネジメントとか、選手の状況を俯瞰的に見て「この選手にはこの方法が合っている」ということを整理する役割になっていくと思います。こういう役割を、分担していくのか、それともそれが全部一緒に担うのかはまだ分かりません。

林　コーチが技術的なことを教える割合はどう変化していきますか?

関本　計測データや科学的な根拠を理解して、最終的に選手がどう身体を動かすか、技術として身につけるかを教えるのは、元プロ野球選手だったコーチが良いでしょう。また、計測データや科学的な根拠を咀嚼した上で分かりやすく選手に伝えることができる元プロ野球選手のコーチを育てることが私たちの役割ではないでしょうか。

林　カイル・ボディも同じことを言っていました。「元プロ野球選手は大事だ。元プロ野球選手が、分かっている面もあるし、選手に伝えるのは元プロ野球選手が良い」と。

関本　結局、言葉にはできないとしても同調できないといけない。技術の世界は、最後は「(感覚的に) 分かるだろう?」というような世界です。コーチからの「こういう場面が、お前にもあっただろう? そういう時は……」という、共感や同調することを選手側も求めていると思うのです。僕らは計測結果が分かっていて科学的な側面を理解していても、元プロ野球選手ではないし、もちろんプロ野球の打席やマウンドに立ったこともないから、そこは分からない。

だから私は、選手と話せるチャンスを見つけては、少しでも話せるようにしました。これはいまだにルーティンとして続けています。

林　それは共感や同調の前提としてのコミュニケーションということでしょうか?

関本　はい。狙いとしては、選手の本音を聞き出したい。結局知りたいのは、「あの打席の配球が」とか「あの時のスイングは」ということではなく、その場面での心境を知りたいのです。すると選手から出てくるのは、「その前の打席で全部振っていけと言われたから振っただけです」というようなシンプルな話だったりします。それはそれで選手の本音や心境を聞くことができれば良いと思っています。本音や心境は、雑談の中で引き出していくしかない。だから僕は基本、雑談しかしません。真面目なデータや計測の話は、バイオメカニクス担当の城所やスコアラー陣に話してもらいます。

フォーカス　コーチはこれまでのコーチングを変えていく必要性に迫られている

ボールの動きの計測が進み、ボールの動きを生み出す動作の計測が進むと、コーチの役割は、「ボールの良し悪し」や「身体動作（フォームやスイングなど）の巧拙」を自身の眼力で判断し、その判断に基づいて技術習得を促すということから変化します。

関本氏は、「計測データや科学的な根拠を理解して」と前置きした上で、「最終的に選手がどう身体を動かすか、技術として身につけるかを教えるのは、元プロ野球選手だったコーチが良い」と語っています。少なくとも、計測データや科学的根拠を理解すること、その上でプレー経験を活かして、選手に「共感」できる元選手の役割は大きいと述べていると理解できます。裏を返せば、計測データや科学的な根拠を理解できないコーチは、元プロ野球選手だったとしてもコーチを務めることは難しい、と述べているように思います。

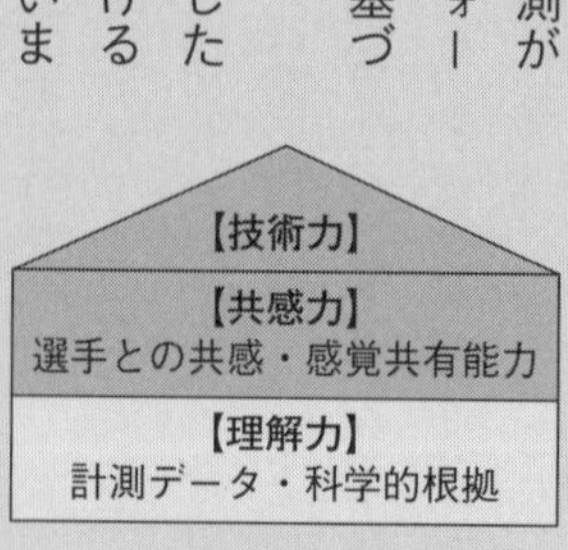

コーチに求められる力

ソフトバンクのような練習施設や計測装置、R＆Dの充実に力を入れる球団でさえ、ドライブラインのようなトレーニング施設に、育成の一部をアウトソーシングしています。その一方で、技術の世界は、最後は「これ、分かるだろう？」という感覚的な表現でコミュニケーションしている世界でもあります。関本氏は「真っ暗な中に白いボールが見える」という、かつての自身の打席での体験をもとに、感覚の世界について何度も言及しています（p.25）。このことから、現代のアナリストやコーチには、「計測データや科学的アプローチへの理解力」と「選手と感覚的に共感する力」の2つが求められていると考えられました。

林　つまり、データ分析チームの中で役割を分担されていて、関本ディレクターは、選手の近くにいて、深いところを理解する担当ということですか？

関本　私の立場では、そういった形で選手とコミュニケーションを取ることしかできることがないというか……。分析と選手に伝えることに対しての「隙間」を埋める必要を感じることがありました。僕がバックネット前に行くようになったのは、試合前のコーチやスタッフというのは、意外と忙しく、選手だけのことを見ていられないこともあると気付いたからです。実際に、私がただ毎日バックネット前で練習を見るという〃定点観測〃をしていたら、選手から「昨日と今日で僕はどうでした？　どう違いました？」と声を掛けてくるようになりました。選手も観測者を求めていた、ということですね。

今では監督やヘッドコーチが、コーチ陣に対して「練習を見るように」と指示をするようになっています。これは定点観測の一つの効果ではないでしょうか。コーチ陣は、「選手は見てくれている人の話を聞きたい」ということが分かったのでしょう。選手を「顧客」に見立てると、「顧客ニーズ」を現場のスタッフも理解したのだと思います。毎日バックネットの前にいて練習を見ることは、私にとってはチャレンジです。定点観測をしたからといって選手の違いに気付くことができるかどうか分からないけれども、「見ていよう」とは思いました。だから、今のチームの中で、誰よりも選手を見ている自信はありますね。

フォーカス　「隙間」を埋める

関本氏は、雑談を通じて選手とコミュニケーションを図り、高度な分析と選手が実際に理解することの「隙間」を埋めることに言及しています。そして、「計測データや科学的な根拠を咀嚼した上で、分かりやすく選手に伝えることができる元プロ野球選手」と、この「隙間」を埋める役割であるコーディネーターを育成することも自身の役割の一つであると語っていました。「野球版デジタル世代」という言葉も出てきました。「野球版デジタル世代」の元プロ野球選手たちが、コーディネーターの役割を担う日は近いのかもしれません。

林　関本さんはデータ分析の専門家ですが、グラウンドで観察して「定点観測」していることと、データの数値などを照らし合わせていくようなことはありますか？

関本　必要なタイミングでありますね。データを「定点観測」しているのは、チームに付いてくれているスコアラーやR&Dです。私は何か気付いたことや確認したいことがあれば「これは、データとして何か特徴が出ているの？」という話はします。ただ、ずっと数字を見ている感じではないですね。当然、試合中に示されるトラックマンのデータもリアルタイムで見ています。その上で、選手に対して「フォームが変わったね」「こんな感じでプレーしているの？」という話はします。逆に言うと、選手がデータやフォームを気にするようであれば、集中してデータを見て確認します。

定点観測をしていて、パフォーマンスや調子が落ちる際のアラートは選手ごとで分かりやすいと感じています。「聞きにはこないけど、めっちゃ気にしてることがあるな」という場合とか、データよりも定点観測をして見えてくる状態から感じます。そういうアラートは、選手ごとで違うものです。もちろん、全員がプロのアスリートで、プライドもありますから、簡単には弱みを見せません。選手は不安を抱えているものであり、「そんなことは自分でやれ」と言われたり、「そんなこともできないの？」と言われることを恐れている面もあると思います。

フォーカス　定点観測

バックネットの前という常に同じ位置から練習を見る「定点観測」を行なったことで、選手からコミュニケーションを取ってくれるようになった、という関本氏の認識。また、「選手は見てくれている人の話を聞きたい」という言葉。これは、計測による定点観測（定量的）はR＆Dの専門スタッフが行ない、自身は観察による定点観測（定性的）を行なっているとも解釈できました。

科学的なアプローチや計測機器がいくら進歩しようとも、観察やコミュニケーションが大切であることに変わりはありません。関本氏が発した「定点観測」というキーワードからは、観察眼も重要であり、観察することそのものが選手に信頼を与えるものであると考えられました。この発言が、データ部門とR＆D部門を統括する関本氏から何度も出たことは、興味深いことです。

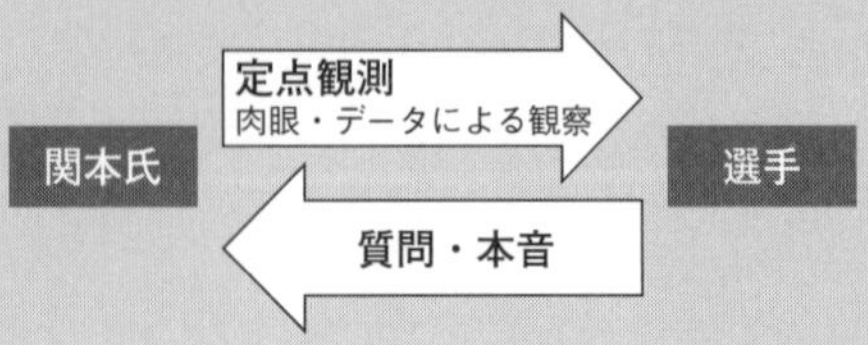

林　もしご自身が大学で野球をされていた頃、現在のような分析機器や計測機器のようなものがあ

れば、違っていましたか？　また、関本さんの野球経験と、現在の仕事のつながりはありますか？

関本　私は使わない派だったかもしれません。大学野球をやっていたころ、4年生の最後の打席のことくらいしか覚えていませんが、そこで「ボールが止まって見えた」という経験をしました。「これが野球人生の中で最後の打席だな」という時に、「真っ暗な中に白いボールが見える」という初めての体験です。その打席の結果は絵に描いたようなセンター前ヒットでした。これを野球人生最後の打席で味わってしまったことは、野球の神様の意地悪かもしれません。「これで終わっていい」という気持ちと、「こういうバッティングがずっとできていたら違った野球人生になったのだろう」と、いろいろ考えました。こういう感覚を、本当の一流はいつも感じていたのかなと思い、「これってどうなっているのだろう？」ということへの疑問はずっと残っていました。この感覚をすごく覚えていて、それを45歳でまだ引きずっているということかもしれません。だから、私はそれが見えているプロ野球選手たちを、年齢は何回りも下になりますが、リスペクトしています。あのスピードのボールやあれだけ曲がるボールが、彼らにはどう見えているのか興味があります。

林　トラックマンやラプソードといった計測機器が出る以前から、回転数や球質に興味をもつような選手がいたというお話がありました。その時代の選手たちと、プロ野球に入った頃から当たり前のようにそうした機器がある今の選手たち、いわば「野球版デジタル世代」の選手たちとでは、考え方などに違いがありますか？

関本　その「世代の壁」と、今まさに戦っています。私と年齢がふた回り違う齋藤周（2022年に加入した東大野球部出身のアナリスト）と話しているとすごく感じます。感覚が違うというか、「これが彼らの世界なのだ」と思って、すごく勉強にもなります。アナリストが使用するプログラミングについても、原理や理屈を理解して組んでいるわけではないですよね。私たちなら基礎から学んでいましたが、彼らはインターネットを見て、基礎知識なしでいきなり躊躇なくプログラミングに取り組める。例えると、運転免許なしにアクセルを全開で踏めるというタイプです。こういったことは、能力というよりは意識の面で、彼らにとってはハードルが低くて、「当たり前」になっているということだと思います。

ホークスの選手の場合、こういった世代間のギャップは、「筑後ネイティブ」と「雁の巣ネイティブ」に少しあるかもしれません。「雁ノ巣ネイティブ」か、「筑後ネイティブ」か、という話は選手間でも出ますね。「昔はみんなで雁ノ巣のグラウンド（2015年までソフトバンクホークスの二軍本拠地）を整備していた」というふうに。雁ノ巣球場を経験した選手も、まだたくさんいますから。（2016年からは、二軍・三軍の専用球場及び練習場として、先進的設備の整ったHAWKSベースボールパーク筑後を使用。）

関本　「筑後ネイティブ」の一例を挙げるとすれば、野村大樹ですね。彼は寮に併設してある室内練習場で、ずっと一人でマシン打撃を行なっている。今の筑後はずっと一人で練習できる環境です。マシンから出るボールを打って、「今のコンタクトの感じは良かったな」と思えば、映像が自動で遅延して流れるのでチェックできます。ボールを集めることも自動でやってくれます。コーチもバッティング投手もいなくても練習できる環境が筑後にはある。彼はまさに筑後が育てた選手です。雁ノ巣の頃とは違う、筑後のような環境は、自分で考える能力がある選手にはとくに有効です。

林　きちんと動作まで計測できたら、選手が自分で自分をコーチング（セルフ・コーチング）していくことができますね。

関本　セルフ・コーチングまで持ち込めたら良いですね。少し飛躍しますが、筑後を「カラオケボックス」のようにしたいんです。カラオケボックスというのは、一人で歌っても自動で採点されるシステムがあるじゃないですか。あれがあれば、「どうやったらもっと上手く歌えるか」と考えながら歌っていくことができます。だから、選手のパフォーマンスをカラオケボックスのように採点できる環境ができて、逆に選手が興味を持って、「この数字、何でしたっけ?」という質問を城所に出していくようになれたら良いんです。

林　カラオケボックスには、全国ランキングというのもあって、会ったこともない人たちとスコアで競い合うことができます。

関本　アメリカには「パーフェクトゲーム」という組織があります。計測データがほしいスカウトがお金を払い、選手たちも自分のデータを測るためにお金を払うというシステムで運営されています。つまり、その場に行けばいろいろな選手のデータや、選手自体を全部見ることができるシステムなのです。アメリカの方が裾野が大きいという面もありますが、ああいうシステムが日本にもあったら良いのにと思っています。もっと言えば、それができないと日本の野球がもう一歩前に進まないのではないかと思っています。よく「野球脳」という表現がされますが、こういうことが実現しないと、「野球脳」も発達しないのではないでしょうか。

フォーカス　**野球脳**

これからは、データリテラシー（計測データや科学的アプローチへの理解力）を含んだ「野球脳」が重要になるというお話。関本氏が語る「野球脳」とは、データリテラシーに留まらず、「他者と共感する力」「コミュニケーション能力」「身体操作を感覚的に行なう能力」「野球というゲームへの戦術的理解力」といったものを含んでいるようです。さらに、こういった「野球脳」が重要であるということを認識する能力が重要になると私は考えます。こうした能力を身につけることは、野球以外にも応用性が高く、野球を行なう教育的な意味づけにもなるでしょう。

林　例えば練習のデータと試合のデータの関係のように、カラオケボックスで高い得点を出す能力と、コンサートやライブの時に観客を感動させる能力に、どんな関係（法則）があるのかを確かめることができる可能性があります。球質のデータは特別優れていないのに、「なぜかあいつは打たれない」という投手がいます。なぜ試合に強いのか？　データとのギャップを埋める要素が何なのか？　それをどう測れば良いのか？　ということが少しずつ分かるようになるかもしれません。

関本　なるのではないですか。野手でも、練習ではすごく打つけど試合になったら打たない選手がいますよね。計測結果が素晴らしくても、試合ではバットにボールが当たらないと始まらない。バッティングでは、狙うボール、振るボールを選ぶというプロセスが必要になり、そこはバイオメカニクスとは違う部分です。そこにはメンタルスポーツの側面が大きいのだと思います。だからこそカラオケボックスを作って測りたいと考えるのは、カラオケボックスで高得点が取れるなら、問題は身体の動きや技術にあるわけではないところに特定できるからです。

林　計測結果と試合でのパフォーマンスのギャップが、野球がメンタルゲームの要素をもっていることに起因するのだとすると、このメンタルゲームの部分を測ったり補ったりすることには挑まれているのですか？

関本　少しやっていて、これからも進めていきたいと思っているのは、「アイ・トラッキング」です。僕の大学最後の打席の「止まって見えた」ではありませんが、選手には何が見えているのか？

どう見えているのか？　ということをまず知りたいと考えています。これは脳科学にあたるのか、心理学にあたるのか分かりませんが、アイ・トラッキングをすることで何かヒントがあるのではないかと考えています。大学の先生方が行なうような研究と、プロ野球選手との間にそれほど接点があるわけではありません。だから、ここに〝隙間〟ができています。研究と実践の隙間ですね。僕は日々そういう話をプロ野球選手から聞けているので、この経験をどうやって野球界に還元しようかということを思っています。

林　メジャーリーグには、そうしたデータと選手をつなぐ「コーディネーター」という役割があるようです。

関本　そのコーディネーターの役割を、僕がやり切れているかどうかは分かりませんが、データと選手を繋ぐ役割を作っていきたいと考えています。それは球団の方向性としても同じです。

林　この本は投手にフォーカスした企画なのですが、投手の育成について教えてください。

関本　ピッチャーが練習するべきことは、回転数を上げるとか球質を変えることそのものではないと思います。ピッチングは、ピッチャーの芸術作品ではないですし、バッターありきのもの。バッターをいかにアウトにするかという視点から始める必要があります。

現在のピッチングの流行として、キャッチャーが中腰で構えて、高めに真っすぐを要求しています。これはバッターが想像していなかったことです。これまでは、ピッチャーが高めを狙って投げる練習をしていないから、バッターは「ピッチャーは困ったらアウトローに投げるでしょ」と思っていた。せいぜいツーナッシングから釣り球としてアウトコース高めに投げるくらいでした。それが今は、狙って高めを投げます。インハイをすごく投げます。今はすごいですね。

林　その「高めの真っすぐ」は効果的ですか？

関本　効果的です。要は、ギャップなんです。全部そうじゃないですか。ノビ、キレ……そこから打たれない理由を説明しようとしますが、結局はバッターが「普通」と思っていることからどうズレているかが重要なんです。バッターが思っていることからどうズラすか。クイックモーションでズラす方法もあります。回転数だって、１５０キロなら「これぐらいの回転で来る」とバッターは予測しています。その予測から外れた時に、回転数が予測より大きいからホップして見えるし、予測より少ないからタレて見えるのです。そういうバッターの予測からズラす、バッターはその予測を修正してくる、さらにズラす、というイタチごっこが得意な選手と、ずっと同じことをやり続ける選手では差が生まれますよね。工夫する力が重要になります。そういう意味では、まさに「進化論」のようなものですね。変わることができる選手だけが生き残っていく世界だと思います。

林　進化していく能力や変化していく能力は、選手をスカウトする段階ではなかなか分からないものかと思いますが。

関本　それでも、変化していく能力があるかどうかを見極めようとする視点をもつことは大切だと思います。変化する力や工夫する力がないと、プロ野球では通用しないと思います。150キロを越えるボールを投げるロベルト・オスナ投手でも、ホームランバッターに対してモーションでズラそうとしているのですから。

そういった工夫力や対応力のようなものは、今のところ、試合で確認していくしかないと思います。その力を見極めるのに、何を測れば良いかというコンテンツが分かれば、さっきのカラオケボックスではないですが、試合以外でも確認できるようになるかもしれません。でも、それが何なのか、何で測れば良いのかということに関しては、今はまだ分かりません。

林　新人選手のスカウトを行なう中では、選手の能力を計測するというカラオケボックス的なものは使っているのですか?

関本　やろうとはしていますが、私の中ではやっていないに等しい段階です。カメラで撮った映像からスイングスピードや投球の回転数を出してみることくらいはできます。ただ、それでデータや数字がウソをつくことにならないようにしなければいけない。スカウティング部門では、そうした事例が起こる可能性が高いという意味で、先ほど言った「やっていないに等しい」という段階です。やはり「スカウトしたい選手の裏付けを取るために、データが都合良く使われる」という危険性は排除できません。Aという選手とBという選手がいたとして、「Aがほしい」と最初から決めておいて、その裏付けとなる都合の良いデータを集めに行く、自分たちの都合でバイアスを掛けに行くということですね。これは避けなければいけない。また、スカウトがデータを見て、自分たちの目利きではなく、そちらに寄っていくのは避けてほしいとも思っています。

そういう意味でも、カラオケボックスが完成することが、僕の中ではスカウティングでデータを使う解決策だと思います。1球団でカラオケボックスを完成させられるのか、という課題もありますが。

フォーカス　カラオケボックス

観察という意味での定点観測が重要な理由は、「カラオケボックス」と関本氏が喩えた、選手の能力を完全に評価する方法がまだないことにあります。カラオケボックスで自動採点をしてくれるように、野球選手の能力を採点することができれば選手の成長を促すことができる。また、スカウティングにも有効なツールになる、と関本氏は述べています。

カラオケボックスでの自動採点は、「音程」「安定感」「抑揚」などの各要素に対して、AIが採点を行なうそうです。野球で成績を残すためには、ピッチャーはバッターが予測していることからいかにズラすか、バッターはズラされたことに工夫し対応していくことが重要という話が出ましたが、この絶え間ない「いたちごっこ」のことを、関本氏は「進化」「進化論」と表現しています。環境や状況が刻々と変化し、そのことに対応していくことが重要なのです。カラオケボックスでは、「変化する相手」はいません。安定した採点感覚を学んだＡＩに対して、同じように歌えば、同じ点数が出るはずです。しかし、野球では（他の多くの対戦形式のスポーツでも）そうはいきません。同じボールを投げていると、対戦回数が増えるほど対応される可能性が高くなります。

現在は関本氏が言う通り、採点（計測）できることが限られており、野球におけるカラオケボックスは完成していません。現在の状況を「〝狭い意味〟でのカラオケボックス」と名付け、表にしました。それでも、投手の球速やボールの変化量といった能力は計測できるようになってきました。計測結果があれば試合で活かすことも可能ですが、試合で活かすには不確定（採点できない）要素も多く、逆に言

狭い意味でのカラオケボックスで計測できる能力

- 計測データ（ボールやバットの動き、バイオメカニクス的分析）
- 基礎体力データ（筋力・運動能力・身体操作能力）

広い意味でのカラオケボックスで計測できる能力

- 戦術力（配球や読み、狙い方・外し方）
- データリテラシー（データを理解する能力、プロ意識）
- 自己成長力（進化する力）
- 工夫する力（試合での応用力、対応力）

定点観測で測定できる能力

えば現在はここがコーチやスカウトの腕の見せ所であるとも言えます。
関本氏が、目指しながらも「まだ全体像が見えない」カラオケボックスは、「広い意味でのカラオケボックス」と名付けました。「経験的には重要とされているが、採点（計測）できないもの」と、「そもそも何を採点すれば良いか分からないもの」が含まれているようです。この広い意味でのカラオケボックスの完成は、野球のすべてを理解しようとすることに匹敵する壮大な試みです。この壮大な試みに挑戦しようとする気概に、ソフトバンクホークスのチーム強化・選手育成に対する本気度を感じました。
また、広い意味でのカラオケボックスをイメージすると、データ部門とR＆D部門を統括する関本氏が、「定点観測」に基づいたコミュニケーションを重視し、選手の「感覚」や「見え方」を理解しようとしたことも理解できます。

関本　これからは、動作もリアルタイムで分析できる「ホークアイ」に移行すると分かることが増えていくでしょう。その上で、最終的に、まだメンタルの課題は残ると思います。アイ・トラッキングをどうやってやるかということも課題として残るでしょう。

林　関本さんのお話を伺っていると、メンタルと視線にかなり関係があると考えられていると感じます。

関本　考えていることを実行するのは身体ですが、情報のインプットとしては目というデバイスなのかなと思います。脳が取捨選択をするとしても、まず目が鍵なのかなと思います。まさに僕の「目付け」で、予測でしかありませんが。僕は、野球を面白くなくしたいんです。野球の全部が分かるようになったら野球が面白くなくなるから、違う趣味に走れます（笑）。

林　カイル・ボディが優れた科学者を見つけ出してドライブラインに引き込もうとしたが、ドジャースに取られてしまった。ドジャース内部のR＆Dでその科学者がどれだけ重要な発見をしても、決してその成果が外部に出てはこないことをカイル・ボディが嘆いているそうです。ホークスが発見した重要なデータや知見が、いつか外部に公開されることを願います。

関本　僕としては、出せる範囲では出していきたいと思います。今の立場はホークスを勝たせることだけれども、自分のライフワークは日本の野球界を良くすることだと思います。カラオケボックスの喩えが出ましたが、今はなかなかカラオケボックスの全体像が見えないというのが現状だと思います。何があれば良いのか。ラプソードが頑張るとしても、ラプソードだけではないでしょう。カラオケボックスを球団として作るのか、あるいはそういった企業を作るのか、その辺りも見極めたいと思っています。

3

アマ最強チームENEOSの「2つのデータ」

社会人野球はプロ野球への選手の供給源というだけでなく、かつてアマチュアで編成されていた日本代表チームの中心となり、多くの国際大会に選手を送り出していました。その当時、アマチュアの最高峰と呼ばれていたキューバの野球を徹底的に研究するなど、データ収集と活用においては、プロ野球を凌ぐほどの高いレベルを誇っていました。

その社会人野球のトップチームとして自他共に認める存在がＥＮＥＯＳです。旧名の「日本石油」の時代から、社会人野球の最高峰・都市対抗野球において史上最多12回の優勝を誇る名門ですが、それゆえに周囲から求められる期待も高くなるのでしょう。２０１９年まで4年連続で都市対抗予選敗退を喫した時には、チームに危機感が漂っていました。この苦境の中、２０２０年に就任したのが大久保秀昭監督でした。

私にとっては母校・慶應義塾大学の先輩であり、監督とコーチ、監督と助監督の関係の時期もありました。大久保さんが慶大を率いていた2016年に私を助監督に招聘していただき、以来、3年間、苦楽を共にさせていただきました。ラプソードの導入と活用を認めてくれたのも大久保監督でした。私が退任した翌年の2019年に明治神宮大会で優勝。日本一を置き土産に、2020年から、かつて率いていたENEOSの監督に再任されています。チーム再建を託されたことは言うまでもないでしょう。そして就任1年目のシーズンに5年ぶりの都市対抗出場を果たし、ここでは2回戦敗退に終わりましたが、連続出場となった翌2021年の大会ではベスト8。そして2022年、9年ぶりとなる優勝と、まさにホップ・ステップ・ジャンプでV字復活を成し遂げています。

大久保監督は現在も私の研究を応援していただき、私もENEOSのデータ分析に協力する関係でもあります。ENEOSの復活に計測データがどう活用されたのか、あらためて大久保監督からお話を伺っています。

〈参考〉社会人野球における計測の現状（都市対抗野球中継でのトラックマンデータ）

社会人野球のメイン大会である都市対抗野球の中継では、2020年からトラックマンデータが表示されています。打球速度や角度、球速や回転速度が表示されており、トラックマンデータを解説するサブ解説者も置かれています。侍ジャパン社会人代表は、第4回WBSC U-23ワールドカップで優勝を果たすなど実績を挙げています。この選手選考では、投手の球質を重視するなど、計測を積極的に用いています。

ENEOS野球部の計測データ活用の現状

・**ラプソードの活用**：ピッチング用、バッティング用のラプソードを導入。投手、打者ともに、選手が希望をすれば自由にラプソードが使える状況にあります。
・**ネクストベース社の導入**：データ計測・分析を専門とするネクストベース社と契約し、定期的な計測と計測データのフィードバックを得ています。
・**指標の導入**：投手のそのシーズンの最高球速がブルペンに掲示されています。また、ストライク率の目標が設定されています。

林　ENEOS野球部の計測データ活用の状況と、大久保監督ご自身のデータ活用に対するお考えを教えてください。

大久保　私は、野球におけるデータには2種類があると思っています。

一つは、林君たちが行なっているような個人の能力を伸ばすためのデータですね（以下、「計測データ」と表記）。ラプソードで打球速度や球速を計測したり、スイングを計測したりしていますが、今の選手たちにとって計測データは身近なものだし、指標があって明確だと選手が頑張れます。だから、ＥＮＥＯＳでも会社の理解を得てネクストベース社と契約し、測定については林さんにサポートをお願いすることもあります。

もう一つは、試合の時に相手チームに勝つために活用するデータです（以下、「ゲームデータ」と表記）。「打球方向」や「球種の割合」といった確率の数値化だけでなく、その選手のスイングの特徴や、考え方、内面を見抜く目、いわゆる「野球観」までを含めた傾向を示すデータですね。社会人野球チームは、プロ野球選手を育てるためにあ

大久保秀昭監督

るわけではなくて、会社に応援してもらえるチームを作って、試合の応援などを通じて社内の一体感を高め、その中で会社に貢献できる人材を育成することが最大の役目だと思います。少なくともＥＮＥＯＳ野球部は、そういう位置づけです。そのためには勝たなくてはいけないし、ゲームデータはとても大事になります。

以前なら相手チームの映像がビデオテープ一本しかなくて、それを試合前にみんなで集まって見るようなミーティングを行なっていました。今はクラウドを経由して各選手に共有し、スマホで見たい時に自分の映像も相手の映像も見ることができるようになっています。相手チームのデータも、紙に書いたものを渡すこともありますが、極力、映像に落とし込んでいつでも確認できるようにしています。とくに都市対抗の時は連戦になって時間もありませんから、球場に向かうバスの中で、選手がそれぞれ自分のスマホでゲームデータを確認することもできるというメリットもあります。

ＥＮＥＯＳの復活には、そうした「野球観」も含めたゲームデータを活用できる選手が増えたことが大きいと思っています。

フォーカス　マネージャーとしての大久保監督

かつてスタッフとして大久保監督の下で働いたことのある私にとって、「計測データ」を活用するためには、大久保監督は理想の上司と言えます。

メジャーリーグの監督は、「マネージャー」と呼ばれるそうです。大久保監督は、直接ラプソードや計測機器にタッチするわけではありません。しかし、計測データに「強み」のある部下をもった際に、それを活かすマネジメントを行なうことで、計測機器を存分に活用しています。

経営学の大家であるドラッカーは、トップマネジメントの役割として、「その組織にとっての事業とは何か」を問うこと、そしてその出発点は顧客にしかないと述べています。ENEOS野球部にとっての事業は、社員という顧客に、都市対抗野球に出場し勝利することで、応援の機会を設け一体感を醸成することだと考えられます。部員もまた顧客そのものであり、野球部での活動も通じて、立派な社会人（マネジャー）を育成することを求められます。大久保監督は選手に対して、計測データの活用も含めて「強制はしない」「自己責任」と語っています。厳しい勝負の世界の中で、チームの方針を理解させた中で自由な取り組みを認め、そこから決断を促すことは、将来のマネージャーを育成するのに絶好のリハーサルなのかもしれません。

林　計測データの活用について、個々の選手のエピソードを聞かせてください。

大久保　計測データを上手く活かして成長したのは、柏原史陽ですね。柏原は、桐光学園高―同志社大を経てENEOSに入団した1993年生まれの右腕です。柏原は、都市対抗で5試合全てに登板し無失点、決勝戦では優勝投手になりました。年間を通しても防御率０・74で、社会人の最優秀防御率とベストナインを獲得しています。でも、チームが２０１９年まで4年間都市対抗に出ることができなかった時期には、球速は１５０キロが出るのですが、カウントを崩すことが多く、苦し紛れに投げたストレートを打たれるという悪循環で、監督からすると起用する場面が難しい投手でした。本人にも、「このままでは、いつ引退と言われても……」という、崖っぷちの意識があったはずです。

私が２０２０年に監督に戻り、ラプソードを導入して、ネクストベース社も入って計測データを取ってフィードバックを始めると、理系出身の柏原（同志社大学理工学部卒業）は数字への理解力もあるし、非常に興味を持っていました。「なんとかしたい」という藁にもすがる思いだったところに、良いタイミングで計測データが入ってきたのでしょうね。林君から投球動作の仕組みについて話を聞く機会もあって、いろんな情報が良いタイミングで入ってきた気がします。

選手が急激に良くなるということは、ほとんどありません。柏原も、ちょっとずつ向上していました。計測データは悪くない。自信をもつことで、ちょっと良くなった。フォームを改善すると、またちょっと良くなった。２０２１年に変化球の狙い方のアドバイスをすると、コントロールをつかんでさらにちょっと良くなった。その「ちょっと」の積み重ねではないでしょうか。「ちょっと」が積み重なって、崖っぷちから少しずつ手応えが出てくると、野球が面白くなるものです。「こういうことなんだ」という手応えが出てきて、取り組みと結果がつながってくると、自信とかモチベーションになります。そういう良い流れに乗ったのが見ていて分かりました。柏原は2021年から本格的に良くなり、2022年の都市対抗では大車輪の活躍でしたが、私は「これくらいやるだろう」と思っていたので、都市対抗前から投手陣は柏原を中心に戦うつもりでした。

プロでもアマでも、ピッチャーの球速はこの10年で5キロは上がっていますが、それでもコントロールは非常に重要になります。柏原の投球フォームにはチェックポイントがいくつかあるのですが、崩れそうな時に、こちらが観察する中で気付くだけでなく、計測から気が付くこともあります。もちろん本人の修正能力も高くなっていて、ボールが暴れなくなっていました。

林　計測データを活かせない選手というのもいるのですか？

大久保　計測データがあっても良くならないのは、「測って満足」「測って終わり」の選手ですね。ピッチャーの球速や球質は常にフィードバックしているし、都市対抗の計測データなどを見れば、比較対象もあって、「自分がこれくらいの選手」という立ち位置は分かるはずです。でも、計測データをどうやってゲームに繋げていくのか、自分の強みをゲームでどう出そうか、そういうことを考えて体現できるかどうかが大事で、その能力が必要です。「もうちょっとスピードを速くしたいな」くらいでは（意識が）足りないと思います。

林　そういう選手には、どんなアプローチを行なうのですか？

大久保　もし計測データにまったく興味がなくて、自分の感覚だけでやってる選手がいるとしても、計測データを活用するかどうかは強制しないし、個人が決めればいいと思っています。プロ野球選手もそうですが、最終的にはやはり自己責任なんです。強制的に何かをやって、故障したり、崩れたりすると、選手はどこかで人のせいにしてしまうじゃないですか。

私は良いと思った情報を選手に伝えたいし、活用してほしいという気持ちはありますが、万人に当てはまるものではない。それは計測データに限らず、何か教えるとき全般でそうですね。投げることでも、打つことでも、ボールの待ち方にしても、「こうしろ」という言い方はしないようにしています。「こういうのはあるけど、どう?」といったスタンスです。かつての柏原のように、うまくいかない時、「何かにすがってでも」ともがいている時に、トライする材料になれば良いというくらいに考えています。そりゃ、もどかしい時もありますよ。でも、「自分が選手だったら嫌だな」と思うことは、基本的にはやりたくないですから。「プレーヤーズファースト」という言い方もできると思います。それくらい、コーチングは慎重にやらないといけない。チームの方針とか最低限のルールを守るということを大前提にしてくれていれば、選手各自が「今の自分よりより良くなろう」と思って自由にやってくれたらいいし、計測データはその材料の一つではないでしょうか。

フォーカス **コーチングの本質**

都市対抗優勝投手となった柏原投手についてのお話で、大久保監督は、コーチングの本質的なことを語っています。コーチングの本質が「選手の主体的な選択」にあるとすると、柏原投手が苦しんでいる中で、計測データを活用できる環境を、良いタイミングで整備しました。柏原投手にはもともと１５０キロを投げる高い身体能力と、数値的なデータへの関心や理解力がありましたが、何よりも注視すべきは、危機感と積極的に取り組む姿勢があったことです。

そして大久保監督は、柏原投手が計測データを活かして前進を始めたことを確認すると、急激な成長を促すことなく、「ちょっとずつ」の進歩を良しとして見守っています。段階的に、投球フォームの修正や、コントロール能力の向上のための環境構築やアドバイスを行なっているのです。計測データと大久保監督自身の観察力を用いて柏原投手を見守り、「ちょっとずつ」の進歩の積み重ねによって大きな成長を果たしたことを確信すると、「これくらいやるだろう」という予測のもと、勝負の舞台である都市対抗でフル回転させることを決断し、実際に全5試合で起用。柏原投手は無失点で期待に応え、優勝投手となりました。

このプロセスは、簡単に見えますが、選手自身の主体的な取り組みを評価し、能力を伸ばしていく姿勢を持ち、なおかつ試合での結果を予測ができる、大久保監督の指導者としてレベル

の高さがあったからこその成功例ではないでしょうか。

林　その他にも、選手たちのデータ・リテラシーについて、お気付きのことがあればお話ししてください。

大久保　計測データにすごく興味があって、フォームとか身体の動きをすごく研究しているのですが、逆にマウンドでもそのことを気にしすぎて試合で力を発揮しきれない選手もいます。「マウンドで最終的に助けてくれるのは他人やフォームじゃないよ」と声を掛けるのですが、この辺りをしっかり理解してもらえるといいのですが……。最後はＥＮＥＯＳという会社やチームを背負ってバッターと勝負してほしいんです。投げっぷりとか、自分の弱点を認める謙虚さとか、そういうことは機械では測れないものですけど、すごく大事なんですよ。つまり、ゲームデータを駆使して試合に勝つことが「野球」的、計測データを活かして科学的に選手の能力を伸ばすのが「Ｂａｓｅｂａｌｌ」的と分類したとして、この2つを並行して追いかけてほしいのです。

選手には、ネクストベース社を導入する時や計測の時には、なぜ導入するのか?「個人の技術力や現状の自分を知ってほしい」という説明はしています。計測データが上がったからといって、すぐに試合で活躍できるかというと、それが全てではありません。試合になればタイミングやコントロールも重要な要素だし、状況判断もあります。バッターにしても、いつも速い打球速度を目指してスイングしなければいけないわけではないですから。「エンドランでゴロを打てばいい」という場面もあります。ＥＮＥＯＳでいえば、川口（凌）なんかは計測データでは目立たないですが、試合になると強い（川口投手は横浜高―法政大を経てＥＮＥＯＳ入団。２０２２年、都市対抗優勝時の主将）。こういうバランス、「野球」的なものと「Ｂａｓｅｂａｌｌ」的なものを兼ね備えた選手も必要になるのです。

これはでも、野球をやっていれば常にあることかもしれません。みんな、「チーム目標」と「個人目標」の2つを追いかけているはずです。それと同じではないでしょうか。私は監督として、ＥＮＥＯＳ野球部の存在意義や、チームの目標や方針、都市対抗優勝のために必要な10項目といったことは伝えているので、あとは選手がチーム目標と個人目標のバランスを考えて取り組んでほしいのです。「野球」と「Ｂａｓｅｂａｌｌ」のバランスは、試合直前期とか、強化期とか、年齢とかタイプでも違ってきます。この2つを両方追いかける意識でやってくれたら、目的意識の高い練習になるはずだし、実際にＥＮＥＯＳでは、そういう練習ができるようになったことも都市対抗優勝につながったと思っています。

フォーカス　何のための計測？

大久保監督は、計測と関連して、「2種類のデータ」の存在を語っています。大久保監督の表現を借りれば、「野球」的なものと「Baseball」的なものの2つです。それは、「チーム目標」と「個人目標」にも置き換えられ、もっと言えば、チーム運営における「理想と現実」という考え方にもつながってきます。

野球は元来、「相手より多くの得点を記録して、勝つことを目的とする」というスポーツです。とくにアマチュアの最上位カテゴリーの社会人野球では、勝利を求めて戦うことは当然の使命であり存在理由でもあるのですが、大久保監督は、そこに個人の成長をギリギリまで両立させようとしていることも感じられました。また、計測の意味を理解せず、ギリギリの両立を図ろうとしない選手たち（「測って満足」「測って終わり」「気にし過ぎて試合で力を発揮しきれない選手」）に対しては、厳しい評価や指摘も行なっています。

4

計測機器は、1人1台時代へ　愛工大名電高校

春夏通算23回の甲子園出場。イチローさん（シアトル・マリナーズ会長付特別補佐兼インストラクター）や、理論派でならす工藤公康さん（前ソフトバンク監督）の母校としても知られている高校野球屈指の強豪・愛知工業大学名電高校。チームを率いる倉野光生監督は64歳。２００５年のセンバツ甲子園優勝時に見せた徹底したバント戦法のイメージが強く、古いタイプの野球を重んじるベテランで失礼を承知で言えば昔かたぎの指導者だと思っていました。

２０２２年に、ＥＮＥＯＳの大久保監督を介してラプソードの有効な活用についての相談を受け、グラウンドを訪れ初めてお話をさせてもらったのですが、そんな私のイメージがまったく間違っていたことに気付かされました。データ分析や計測への取り組みがとても積極的なのです。非常に関心を持ち、その後もお付き合いを続けていますが、今回、取材という形であらためて話をお聞きし、倉野監督ご自身のデータへの関心、探究心の強さだけでなく、部員にも高いデータリテラ

シーの浸透を感じ取れました。

愛工大名電野球部　現在の使用機器

・ストーカー（球速と回転数が測れるスピードガン）：10台。Stalker Pro, Stalker Pro 2, Stalker Pro 2 -s, Stalker Sport 2を所有。
・ラプソード2・0：ヒッティング、バッティングともにあり。
・ラプソード3・0：試合形式の練習で使用。投球計測と打球計測を一体化させた新しいモデル。ラプソード2・0よりも薄型となり、実戦形式でも使用可能に。
・ラプソードインサイト（ハイスピードカメラ）：投球のリリース及び打撃のインパクトが確認できる。
・球速掲示板：メイン球場のスコアボードとネット裏スタンドに設置している。投球スピードと打球スピードの計測が可能。
・ブラストモーションモーション（スイング計測機器）：4機。
・ダイヤモンドトラッカー（バッティング、スイング計測機器）：5機。
・ダイヤモンドトラッカー（ボール、ピッチング用）：10球。

・パルスロー（投）
・iPad：スタッフを含めて全員が所有。計測データをクラウドで全員が確認できる。
・大画面テレビ：食堂兼ミーティングルームに設置。iPadの画面をワイヤレスで映すミラーリングも可能。
・カコログ（動作を遅延させて再生する装置）：ブルペンに設置。

林　こうした計測機器の導入の経緯を教えてください。

倉野　古くから使っていたグラウンドのリニューアルが2016年に完成したのですが、これが一つの契機でした。試合での球速を、携帯パネルを用いて、ベンチやスタンドから確認できるようにしました。一年間使ってみましたが、いちいちパ

スコアボードの球速表示板

ネルを移動させるのが面倒だし、故障もあります。そこで、スピードガン表示を常備しようと思ったのです。

スコアボードに大型スピード表示板を設置して、スピードが確認できるようにしてみると、ウチのピッチャーは１２５キロとか１２８キロとか、そんなスピードしか出ないんです。１３０キロを出すと、すごく速いという感覚でした。ところが関東や関西の強豪チームが来て試合をすると、１４０キロを超える子が何人もいる。10キロ以上のスピードの差があると知り、愕然としました。この差は、良い選手をスカウトしてきて鍛えるというやり方だけでは埋まらないと実感しました。

それまでは、ピッチャーに「スピードガンと勝負するな」と言っていたんです。愛知県で甲子園に行くためには、予選で初戦から決勝戦まで8試合を勝つ必要があり、そのためには技巧派でなくてはいけないと思い込んでいました。今とは逆のことを言っていたんです。それからは「毎日測ろう」と言って、ブルペンで球速を測るようにしました。そうすると、みんなが段々と速くなったんです。ただ、速くなったからといって、それだけで相手の打者を抑えられるというわけでもない。１４０キロを投げても打たれたり、逆に１２５キロで抑えることもある。

ちょうどこの時期、メジャーリーグ中継を見ていると、ボールの回転数や打球速度といった、これまで知らなかった数値が表示されるようになっていました。米国では野球事情が変化していることを感じていました。そんな時にスポーツ店から、「ストーカー」という、球速と回転数が測れるスピードガンを紹介されたんです。日本にはまだ取り入れられていないものです。当時出始めた「マキュー」など回転数が測れるボールでの計測を行ない、結果を見ると、かなり正確だと感じました。そこで、日本での1号機を購入することにしたんです。これにより、球速と回転数を併せて計測できることになりました。

練習試合で相手チームの選手を計測してみると、星稜高校の奥川恭伸君（現ヤクルト）や福岡大大濠高校の山下舜平大君（現オリックス）など、ドラフト指名される選手は素晴らしい回転数のボールを投げていました。ストレートで2400回転、スライダーで2800回転といったボールを見ると、回転数の大切さを感じました。林さんの著書『スピンレート革命』など、文献も読んで勉強しましたね。

林　指導者としての実績があり、大ベテランでもある倉野監督が、こうした新しい計測や分析を取り入れようと考えられた原動力は、どういうものだったのでしょう？

倉野　一つには、自分が愛工大（愛知工業大学）という理系の大学を卒業した理系科目の教員ということがあると思います。そうした〝新しいもの〟に抵抗がありませんし、過去を振り返らず未来を見るということを常に心掛けています。

林　ラプソードの導入はいつ頃のことですか？

倉野　ラプソードの導入については、最初は躊躇していました。高校生に使えるのか？　という懸念もあり、足踏みしました。それでも、徹底的に球速と回転数にこだわる時期が3年くらい続いて、これが準備期間になっていたと思います。2021年11月に田村（俊介）が広島カープにドラフト指名され、その際に契約金からラプソードを寄付してくれたんです。ラプソードを使ってみると、回転効率や変化量、リリースポイントや軸の傾きなど、これまで知らないデータがどんどん出てきました。今までとの違いを実感しました。

ちょうど学校の教育現場でも、教育環境が大きく変化している時期でした。授業にiPadを導入し、今は情報共有、データ共有が、iPadひとつで容易にできる世界です。先日も一般生徒の自習を監督したのですが、紙とペンで勉強している子は本当に少数派。ほとんどの生徒はiPadを使って学習してます。こういう姿を見たら、野球部員にもできるはずだと思いました。

フォーカス

倉野監督は新しいもの好き

いろんな指導者の方と接していて、「良い監督は新しいものが好きである（新しいものに抵抗がない）」と感じます。倉野監督はまさにそう。60歳を超えて、甲子園での優勝経験もありながら、なおこれだけ好奇心旺盛というのは、まさに「良い監督」の典型ではないでしょうか。

倉野監督が机を置く愛工大名電の監督室には、古い時代のＭＬＢへの憧憬を感じさせるグッズがたくさん陳列されています。ドライブラインを訪問に行った時の私のお土産もそうした関連グッズだったのですが、倉野監督はそれをとても喜んでくれました。こういう少年のような好奇心が、倉野監督の指導のバックボーンになっているのでしょう。

林　現状はいかがですか？

倉野　本格的に使い始めてから、ちょうど一年というところです。一つの数字が測れることで、それをどう高めていくか、ありとあらゆることが変わっていきます。自分の能力を高めるためには有効な方法だと思います。これからは、「計測と分析」が絶対に必要な時代です。それにより、高校生の3年間という時間を、6年分にすることも可能です。コロナによる練習時間の時短をどう埋めるか？　ということも今後の課題になってきます。そこでもやはり計測と分析が重要なのです。計測と分析がなければ、2022年の甲子園ベスト8もなかったでしょう。

林　導入後の実践知について教えてください。

倉野　ストレートが打たれるかどうかは、回転数とはあまり関係ないと感じています。スライダーやカットボールであれば回転数が多いほど良いですね。フォークボールやチェンジアップは1000回転を切るようでなければ打たれることが多くなります。こうした傾向が分かることで、我々は研究者ではありませんから、「そういうボールを習得させるためにどうするのか」ということを考えなくてはなりません。そうやって計測機器を使いながら、「答えらしきもの」を探りながら指導していくようになりました。

　コーチングにおける留意点として、変化球なら、どこで曲がり始めるのかを見るようにしています。ホームベースの手前８・５メートルより前で曲がり始めてはダメですね。「７・２メートルで曲がり始めて、ピッチトンネルを通して」ということを生徒には言っています。甲子園でも登板した岩瀬法樹（現・愛知大学、父は元・中日ドラゴンズの岩瀬仁紀投手）は、スライダーで３０００回転するが、春の段階では打たれていました。計測により曲がり始めが早いと気が付いて、「打者の近くで曲がるように」と課題を出しました。それが夏に間に合って、自信を持ってマウンドに送り出すことができました。

　計測と分析を使って選手の能力を伸ばしていくことと、ゲームメイクをして試合で勝つことの両方を、監督としてはやらなければなりません。ＥＮＥＯＳの大久保監督は、計測も使っているし、実際に勝っているので、電話をしてお話を聞いたことがあります。「葛藤はあります。ゲームメイクと個人の技術と、どれくらいのバランスにするのかというのは、指導者の見極めかもしれませんね」とのことでした。確かに個人の能力は計測や分析で上がります。しかし、勝つためのゲームメイクは、また違うことがあります。

　高校野球では専門的な知識を持ったコーチやアナリストはなかなかいないので、今はまだ監督が両方をやる必要があります。監督の裁量が大きく、全部に携わらなくてはなりません。そういう中でずっと選手を見ていると、状況判断ができて、直感的に出すべきサインが分かるようになります。また、そうでなければいけないと思っています。

林 それは大久保監督の言葉を借りると、「Ｂａｓｅｂａｌｌ」と「野球」ということですね。とてもよく分かります。愛工大名電では、選手のデータリテラシー、理解度が非常に高い印象です。

倉野 そうかもしれません。ミーティングで、計測結果の見方や分析について、大きなモニターを使って説明をするようにしています。その上で「自分で研究してみろ」と彼らに委ねます。こういうことは、好きな者は好きですね。今年のチームのエースは、徹底的に自己分析をしていて、自分のことを理解した上で自分を操ろうとしています。計測や分析への興味は、技術の上達と正比例するものです。無頓着な者は伸びません。それは、はっきりと言えます。

また、しょっちゅう測っていると、生徒たちも測られることに慣れてきます。以前はプロのスカウトが見に来た時などに、たまにスピードガンを向けられると、力んでフォームを崩したり、球速を出すためだけに投げるようなことがありました。今はもう測り慣れているので、「ストレートの球速が出ていないので、変化球を多めにします」とか「今日はスライダーが速いので、カーブとの組み合わせで緩急をつけます」とか、そうやって自分の調子を把握して、対応できるようになっています。

フォーカス

選手のデータリテラシーの高さ

ラプソードの見方や使い方について、愛工大名電で講演を行なったことがあります。今までに20校以上で講演を行なっていますが、生徒の理解度がどこよりも高いと感じました。技術的なスキルはもともと高いのですが、そうしたポテンシャルを備えた選手たちが、これだけ計測に取り組める環境にあり、そこで出て来る数値の意味を理解して練習を重ねれば、当然技術も上達するはずです。

ブルペンを見ていても、１４０キロを出す投手の多さに驚きました。２０２２年夏の甲子園は、仙台育英が盤石の投手陣で優勝しましたが、愛工大名電もそれに匹敵する層の厚い投手陣でした。倉野監督は「本格的に始めて一年」と言っていましたが、これからも良い選手を輩出すると私は予想しています。そういう仕組みをいち早く構築しているからです。

唯一の注意点は、選手の故障予防ではないでしょうか。基本的には投手の球速が上がるほど故障のリスクも上がります。一つの対策として、ネクストベース・アスリートラボを推薦しています。

林　私は愛工大名電といえば「スモールベースボール」というイメージを持っていたので、こうしたお話は意外に感じています。

倉野　2005年のセンバツ甲子園で、バントを多用したスモールベースボールで優勝しました。でも、夏に勝つにはある程度の攻撃力も絶対に必要です。ということで、球場をリニューアルした時に、打球速度を測ることを徹底しました。打球の角度は、ラプソードを導入する前は、大きな三角定規をグラウンドに持ち込むなどして計測することもありましたね。

「ブラストモーション」と「ラプソードヒッティング」の組み合わせが有効で、計測と分析を取り入れてから、「打て打て」の〝超攻撃的野球〟が本当にできるようになりました。昨夏の甲子園ベスト8も、この効果があったと思います。今までにないバッティングができるようになったという実感があります。（ラプソードを導入する前に卒業した）ポテンシャルの高い選手が揃っていた田村たちの代でもやっていたら、また結果は違っていた気がします。

林　今後のデータ活用については、どんなふうにお考えですか？

倉野　どこまで計測や分析して、結果につなげるのか。やれることは増えてくるでしょう。ただ、バランスが必要です。生徒に対しては、自分で計測や分析がやれるように、活かせるようにしてあげなければいけないでしょう。彼らにとっても、それが最低限のノルマになってきます。またそれは、野球以外でも大事なことだと思うのです。野球に限らず、もう人間が見えるものや考えるものだけでは勝負にならない時代ですから。そういうことをしっかり理解して、これからはデータへのアプローチが自分でできるようにならなければいけないのです。

5 計測で伸びしろを最大化する　立花学園

全国レベルの強豪校がひしめく神奈川県の高校野球で、近年、新風を吹き込んでいるのが立花学園です。２０１７年から指揮を執る志賀正啓監督は、チームの公式Ｔｗｉｔｔｅｒをいち早く立ち上げるなど、斬新な指導スタイルでチーム力を底上げし、２０２２年夏の神奈川県大会ではベスト４に進出。めざましい実績を残しています。計測への関心もとても高く、ラプソードや最新機器の情報収集や積極的な導入が、躍進の背景につながっているようです。

林　現在、どのような計測機器を導入されていますか？

志賀　「ラプソード2・0」を導入しています。「ラプソード3・0」も購入しましたが、まだ使用できていない状況です。他に「ブラストモーション」と、「ストーカー」を2台。ストーカーは比較的安価で、使い勝手も良いです。日頃からシートバッティングで使っていますし、助走をつけずに速いボールを投げるプルダウンの時にも使っています。「ファストラン」という、走るタイムが正確に計測できる機器も導入しています。

林　こうした計測機器を用いたコーチングの方法について、具体的に教えてください。

志賀　まず、ラプソードは、リリースも見ています。ただ、0・2秒しか撮影できないので、使い方にはコツがありますが。ラプソードとこのカメラを組み合わせて、いわゆる〝ピッチデザイン〟をやっています。「ストレートの球速に対して、91％の速さ」を最低限求めています。リリースを見ることで、「中指で切っているか、人差し指で切っているか」を見ます。これだけでも投手はかなり変わります。ボールの変化量については、難しい面もありますが、基準は打者の反応です。打者に実際に投げる中で反応を見ながら、強弱を付けながら、という感じです。

林　計測機器を用いる際のコツは何かありますか？

志賀　定期的に測り続けることです。計測は続けることが大事なんです。続けることで選手が内省ができることに意味があります。本校では、アウトオブシーズンの対外試合ができない時期には部内でリーグ戦を行なっています。そこでは、ラプソードをフィールド内に置いて試合をしています。計測することで、投手は自分を客観視できたり、やったことを確かめることができます。「測れば速くなる」と林先生は言われていますが、本当にそうだと思います。

林　近年は県大会のベスト8やベスト4など何度も上位に進出し、素晴らしい成績を挙げられています。計測機器や科学的なアプローチを導入した効果はありますか？

志賀　間違いなく効果は出ています。「基準を越えないとできない野球がある」と感じています。例えば、打者は「打球速度が150キロ出ないと長打が出にくい」とか、投手は「ストレートが130キロ出ないと、変化球も早く曲がり過ぎて効果が薄れる」といったことです。そうやって野球を因数分解して、必要な要素を抽出するようにしています。因数分解した時に、計測することで、何が足りていないかを数値化、視覚化することができると考えています。

ラプソードや計測を導入してから、イライラすることが減りました。「この球速だと打たれるよね」とか「スイング速度の基準に達しているのが5番までだから、下位打線はちょっと厳しいよ」といった計測に基づいた声掛け、いわば「予測」が増えてきたからです。先ほども言った「基準」に達していないということを、一目瞭然で伝えられますからね。

林　そうした指導方法の変化の中で、今後、監督・コーチの役割は変わっていくと思われますか？

志賀　計測やトレーニングも含めて、だんだん専門的になってくると、外部の専門家にアウトソーシングする必要が出てくると思います。その時に、監督の役割は「接着剤」になることではないでしょうか。トータルなマネージメントをするのが役割であり、本当の「マネージャー」の仕事になっていくということです。どんな立ち位置になっても、生徒の心を掴むことももちろん重要で、そのためには観察力、しっかり見ていることが大事になります。計測することも、生徒を見ていることにつながりますからね。

フォーカス **ニュータイプ**

アニメの『機動戦士ガンダム』ではありませんが、志賀監督はまさに、高校野球における「ニュータイプの指導者」です。生徒の満足度に着目し、新しいことにどんどんトライする。志賀監督は「選手個人の伸びしろの最大化」という目標を掲げていますが、その流れは、「個人を伸ばしていく⇩伸びたかどうかを計測により確認・チェックしていく⇩伸びていれば継続的アプローチ、伸びていなければアプローチの変更を検討」というイメージではないでしょうか。

「甲子園は一人一人が最大限に伸びれば勝手についてくるはず」という言葉もありました。計測するということは、志賀監督の言葉を借りれば、「因数分解」した各要因をチェックするということになります。野球には常に相手があり、試合では様々な要素が混じることから、因数分解がなかなか難しい面があります。ということは、因数分解し各要素をブラッシュアップすることと、勝利、またその先にある甲子園が、必ずしも一直線にはつながっていないということになります。この2つをつなぐマネジメントを、今、志賀監督は試みているのではないでしょうか。そうしたアプローチに、新しさ（ニュータイプ）を感じるのです。

林　手応えのあったコーチング事例について教えてください。

志賀　東京国際大に進学した東田優輝（22年度卒）は、サイドスローの投手でしたが、ストレートと変化球の球速差が20㌔もありました。「ストレートの球速の93～95％の変化球を投げよう」と取り組み、結果的に空振りも増えて非常に良くなった印象です。この学年にはプロに行った永島田輝斗（千葉ロッテマリーンズ育成）もいましたが、東田はチームの核となる投手に成長しました。

　永島田は入学してきた時には捕手で、かなりの強肩でした。ただ、この学年には他に力量のある捕手がいたので、正捕手として試合に出ることは難しいと感じていました。1年生の時にプルダウンをやったら、１４０～１４５㌔くらいを計測し、「ピッチャーにしたら面白いかも」とは思っていましたが、しばらくするとプルダウンで１５０㌔を越えました。もともとストレートの回転効率は97～98％、回転数も２４００回転／分以上ありましたが、本当に良くなったのはトレーニングを本格的にやるようになってからですね。トレーニングをして、球速が出るようになって、トレーニングをすることに目覚めて、それで良くなったという流れです。

　逆に失敗したコーチング事例としては、同じ学年に、ストレートの回転効率がやや低い87％の投手がいました。回転効率を上げることでボールの変化量が増せば、より良い投手になると考えて、取り組ませました。回転効率は94〜95%にアップしたのですが、すごく打たれるようになったのです。130キロ台後半で、投手としてはやや身長が低く、強豪校の打者たちにとっては「普通のストレート」になってしまったのかもしれません。言い方は変ですが、一つ上がったことで、平均に近づいてしまった。むしろ下回っていても、平均値から外れていることで打ちづらくなるという方法論があるのだなと、あらためて気付かされました。

林　立花学園は部員数が非常に多いチームですが、大所帯ゆえに、何か指導で工夫をされていることはありますか?

志賀　3学年併せると、140人ほどの部員数になります。そんな中で、部員をAチーム、Bチームというふうに主観で分けると、AチームにはAチーム感が出てきて、なかなか入れ替わりができない、流動性を保てなくなります。でもそこで、計測をすることで、「球速が速い」「スイングが速い」ということを数値ではっきり示せば、生徒も納得するし、そういう目で見ます。計測には、そんな効果もあると思います。なによりも全部の部員を測れて、試合に出ていなくても、その選手に力が付いているかどうかが分かります。だから、全体のレベルアップにも計測が役立っています。生徒たちは、「立花学園と言えば最先端」と言います。自分たちのしていることに、自信が持てるようになったのでしょう。でも、そこで私は「最先端が目的じゃない。単に方法に過ぎない」と言っています。

　2019年にラプソード1・0を導入した時、みんな最初は「何だよ？　これ」みたいな反応でした。私はむしろ、この反応の方が良いと思っています。知らなかったら調べる。違和感がある方が自分たちで研究しますから。私自身も、「見て全てが分かる」というような〝天性の指導者〟タイプではありません。天性の指導者ではないからこそ、「もっと良いものがないか」と常に探しています。「計測機器があるのが当たり前」で入学してきた生徒は、分かっているようで意外と分かっていない面があります。そのことに、2021年の冬に気付きました。先輩が後輩に伝えているだろうと思っていたことが、伝わっていなかったのです。それから「なぜ測るのか？」「なぜ使うのか？」ということをもう一度しっか

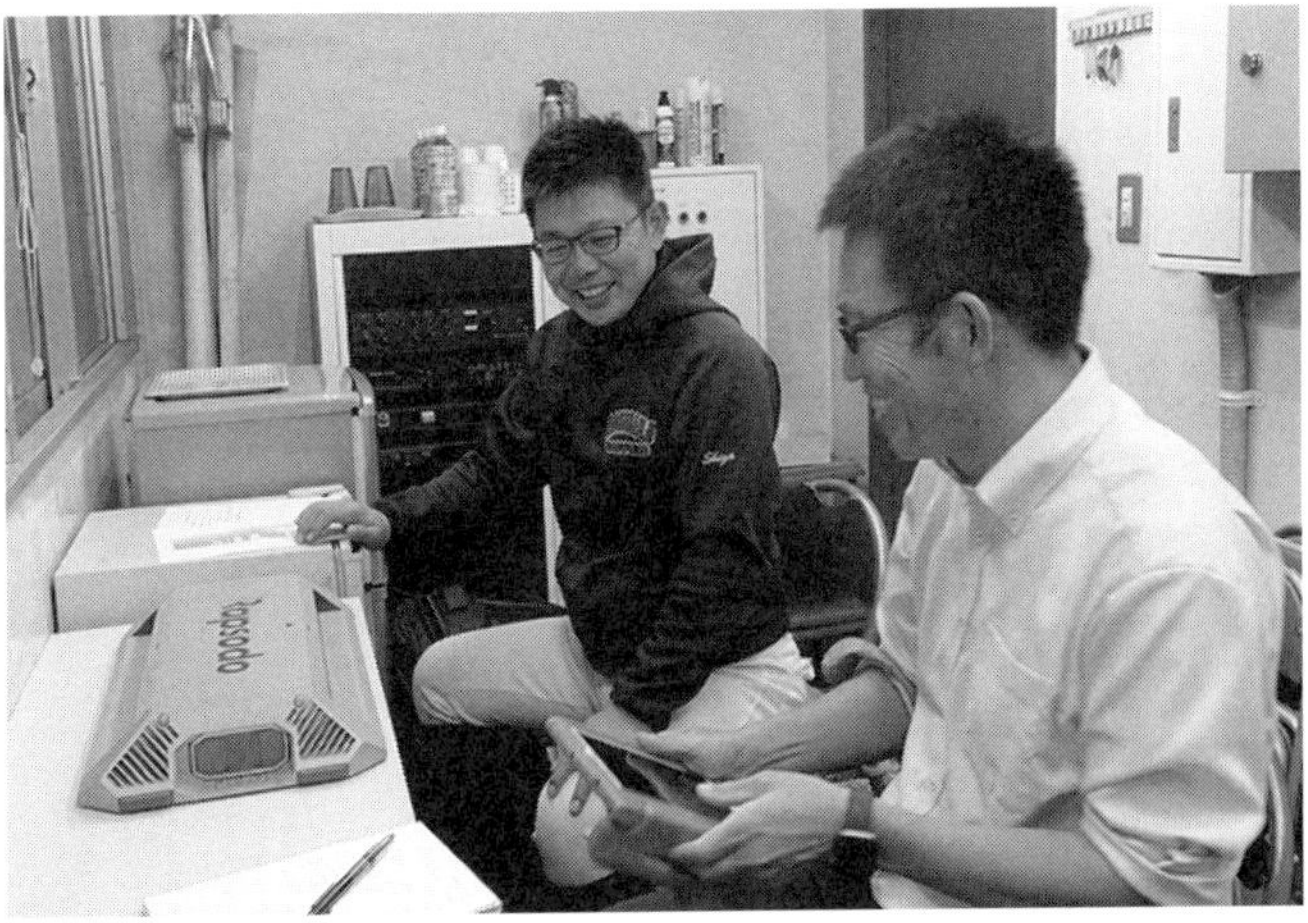

志賀正啓監督（左）と筆者（右）

り説明しました。「文化の継承」ですね。これが効果があって、夏のベスト4につながったと思っています。

林　その他にも、何か特徴のある取り組みがあれば教えてください。

志賀　私は野球でも何でも好奇心が重要だと思うんです。高校生にも好奇心を持ってほしいし、指導する側としては、彼らの好奇心を削がないことが大事だと考えています。そのためには失敗を恐れないでほしいので、そのことを私が率先垂範しています。甲子園で優勝経験のある学校に、面識もコネもないのにいきなり電話を掛けて、オープン戦を申し込みました。そうすると幸運にも試合を組んでいただけることになりました。生徒たちはみんな「えっ⁉」と驚いていましたが、「電話をして断られたって何も損はしないんだから、やってみないと分からないんだよ」と話をしました。本当に、まずはやってみるということが大事だと思うんです。

ラプソードは確かに高価なものです。でも、高校生にとって時間は本当に大事で、今ここで使わないことは、彼らにとって機会損失だと思うのです。それなら自腹で買ってでも使った方がいいんじゃないか、と。どうせいつか買うなら、早い方がいい。良いと分かっているのにそれをしないというのは、本当に勿体ないじゃないですか。

私は選手の頃から「合理的にやろう」という考え方をしていました。それで周りから「理屈っぽい」と怒られるようなこともよくありました。今にして思うのは、「合理性を極めるだけでは一流になれない」ということです。合理的なことだけをやろうとすると、逆に全体としては合理的ではなくなるという現象が起こります。これは、本当の合理性というものとは違うな、と。イチローさんも、合理的になるには無駄なことをたくさんしないといけないと話されていました。やっぱり高校野球も、好奇心と向上心をリンクさせながらやっていく必要があるのでしょうね。

林　今後の計測の目標・目的について、どんなふうにお考えですか?

志賀　目標ははっきりしていて、「選手個人の伸びしろの最大化」です。生徒は「甲子園」と言いますが、甲子園は一人一人が最大限に伸びれば勝手についてくるはずだと私は考えています。甲子園だけを目指していて、負けたら生徒に、やってきたことの説明ができないじゃないですか。

フォーカス　**伝わっているつもり**

ラプソードなど先進的な取り組みをすることが当たり前になってから入学してきた生徒たちは、「なぜ使うのか」「なぜ測るのか」ということを考えなくなり、測ることは本来手段や方法の一つなのに、それが目的化してしまっていたことに気付いたお話はとても印象的でした。「デジタル・ネイティブ」という言葉がありますが、「ラプソード・ネイティブ」の選手たちの方が、かえって使いこなせないということなのでしょうか?　ソフトバンクホークスの関本さんが話していた、「施設や環境が良くなったことが、選手の成長に直結しているか不明な部分がある」という言葉にもつながってきます。この話からの教訓は、コーチをする側、計測機器を導入する側の理解はどんどん進むが、生徒や選手も年々入れ替わり、理解がリセットされるということではないでしょうか。コーチングする側がより意識して丁寧に理解を促さなければ、実際に選手の成長をサポートすることができなくなります。専門化に伴い、トランスレーター（翻訳者）やコーディネーターの存在が必要になるという考え方もありますが、実際には多くのチームにそんな金銭的余裕はないため、志賀監督のような経験やアプローチが一つのヒントになるはずです。

6

#計測は力になる　ラプソード・ジャパン

ラプソードのルーツについても、少し触れておきましょう。今から約10年ほど前。この野球界にとって革命的な機器の誕生には、なかなか興味深いエピソードがあります。

現在、シンガポールに本社を置くラプソード社。創業者はトルコ人のシステムエンジニアでした。彼はゴルフが趣味で、上達するために熱心に練習していました。自分のフォームを分析したいのですが、当時はまだスイングを動画で解析するシュミレーションセット（シュミレーター）が1台100万円以上した時代です。それならと思って、自分でプログラム開発して作ってしまったのが、現在のラプソードの機器の原型です。この自分の練習用に作った機器を、低価格な個人向けの製品として製造、販売し、業績を伸ばしていました。

これは野球にも使えるのではないか？　そう思いつくのに時間は掛かりませんでした。創業者は野球熱の高い地域などで関係者を訪ね歩き、「野球ではどんなデータが必要とされるのか？」と熱心にヒアリングしていきます。そこで興味を示した3人の野球出身者をヘッドハンティング。野球を知らない優秀なエンジニアと、三度のメシより野球が大好きな野球オタクが、連日、喧々諤々やりとりをしながら作っていったのが野球版ラプソードだったのです。

出来上がった試作品をメジャー球団に持ち込みプレゼンテーションを行なったところ、大変な好評を博します。リーズナブルなプライスで、なおかつ持ち運びが容易にできるポータブルなサイズ。今までになかった画期的な製品だったからです。その後、改良を重ね正式に商品化されたラプソードは、現在、ＭＬＢ30球団、全てが使用しています。そこから大学などアマチュアのチームや、様々なトレーニング施設にも広がり、広く普及が進んでいます。

近年はドライブラインのような米国のトレーニング施設を、日本人選手がシーズンオフのトレーニングに利用したり、トレーナーが視察に行ったりする機会が増えています。こうした人たちが現地でラプソードを見たり、あるいは実際に使用する機会があり、２０１７年頃から日本にも「米国にはこういう機器がある」と情報が入ってくるようになりました。ラプソード社のシンガポール本社にも日本人社員がいて、彼が日本での営業を担当していたのですが、私のように独自のルートでラプソードを入手していた野球関係者やトレーナーとつながり、そこから本格的な販売マーケットとなってきました。

そこでラプソード社は、２０２１年3月に日本法人を設立。外資系大手スポーツ用具メーカーの商品開発やマーケティング担当者として日本のプロ野球やアマチュアのチームや選手に広いネットワークを持っていた山同建さんを社長に据えて、現在に至っています。

ＮＰＢ10球団が導入し、アマチュアでも大学、高校など普及が進む中、ラプソードの伝道師的な役割も担う山同建代表に、日本におけるラプソードの現状と課題、今後の展望などについてお聞きしました。

林　まずは、山同さんから見た日本国内のラプソードの普及と活用の現状からお聞かせください。

山同　まだまだ少しずつなのですが、日本でも、こうした機器を用いてデータを取っていくことが認知されるようになってきた実感はあります。とはいえ、残念ながら「導入はしたものの使いこなせていない」というチームや選手が多いのが現実です。私たちの努力が足りず、導入したことだけで「これでうまくなるのだ」と安心させてしまうことがあるように見えます。

そこで私たちも今まで以上に、導入前の使用説明を丁寧に行なっています。「座学」ということで、オンラインで、「何のために導入するのか」という明確な用途とか、どういうことに困っていて、ラプソードを用いることで、どういうアプローチで解決しようかという、いわゆるソリューション提供を極力細かくするようにしています。そうでないと、機能ばかり説明していても、結局、高いオモチャになってしまうという状況が続いていましたので。それでは私たちにとっても大きなマイナスです。ですから、データポイントの説明よりも、「このチームはこういう使い方をしています」とか、「ここのチームでは、こういう活用でこういう効果が出ました」というような感じで、いろんな事例を参考としてお渡ししています。

ただそれも、ぴったりと当てはまることはないのです。いろいろなチームでそれぞれ環境が違いますからね。「ラプソードがあるから何をしていこう」ではなく、どちらかというと自分たちに合う環境に機器をカスタマイズしていく必要があります。そこは以前は指導者に委ねられている部分が強かったのですが、最近はむしろ学生のアナリストさんとつながる機会がすごく増えました。例えば東京六大学のアナリストの部員と、弊社のマーケティング担当のスタッフがすごく連絡を

山同建代表（左）と筆者（右）

取って話しています。高校でも、野球部にアナリストとして入部したいという生徒が増えているようです。そういう子たちはものすごく勉強熱心ですから、そこのコミュニティを今、作ろうとしています。

今までなら林先生や神事先生のような専門家、いろいろな大人がいろいろな形で働きかけて啓発してきたのですが、もう学生（生徒）主導でやった方が良いという結論に、我々はなってきています。当然、最終決裁者は指導者や監督、学校（チーム）になりますが、具体的な活用に関しては、スマホ世代の若い人たちの方が理解が早いのです。オジサンたちからは、「どうしていいか分からない」という質問が来ますが、学生にはある程度説明したらもう使いこなせるようになりますから、その子たちからチーム内にいろいろ発信してもらうんです。

林　彼らはいわゆる「デジタルネイティブ」ですからね。SNSに対しても本当にためらいがない。お話に出てきた「カスタマイズ」という言葉の意味ですが、よくパソコンを使っていて、私たちのようなアナログ世代の人間は、そのパソコンに搭載されたソフトウェアの持っている機能の中の数パーセントくらいしか活用できていないと言われています。それと同じで、多くのラプソードのユーザー（チームや選手）が、機器が本来持っている機能の中の、ほんのわずかしか使いきれていないということでしょうか？

山同　そうなんです。まず私たちの強みは、ハード（ラプソード本体）を売ることよりもむしろ、ソフト（アプリ）で解決法を提供することです。ラプソードを使えば、例えばピッチャーが投げると、その場でｉＰａｄ上にいろいろなデータが出てきます。それで見て、自分の投げたボールの特徴を確認したり、投球フォームを考察したりしますが、それと同時に、そのデータは全部クラウド上に蓄積されていきます。その蓄積データを、いろいろ調理できるようになっています。レポート形式にダウンロードできたり、傾向を導き出したり、いろいろことができるのですが、その作業をできる人がなかなかいないのです。

でも、仕方がないんですよ。というのは、高校とか大学のチームにはそれをする専任のスタッフがいませんから。メンバーを外れた選手だったり、マネージャーや監督さんがやることになります。プロであればアナリストがいるので、専門性も高いし、人員的にも多少余裕がありますが、アマチュアのチームでは、まず、そういうことのできる人材がなかなかいない上に、やっている時間もない。例えば高校野球では、監督さんがもし教員であれば授業をして、放課後に部活動の指導をして、その上で一人一人のデータを解析するなんて、時間的にもスキル的にもとても無理でしょう。

だからこそ、アマでもアナリストが育つ土壌を作りたいんです。そのためにはもっと分かりやすく、「最低限、ここだけ知っておこう」というようなことを、もう少しＳＮＳで発信したり、実際にレクチャーさせてもらったり、ウェビナーをしたり、そうやって我々がリードしてあげられれば、あとは実際に機器をいろいろいじっていれば、たぶん使いこなせるようになるはずなんです。

スマホと一緒ですよ。アプリをあれこれいじっているうちに、「ああ、こういうことができるんだな」と分かってくるじゃないですか。そういうところまで持って行くのが今の僕らの課題です。逆に言えば、それがユーザーさんが機器を使い切れていない一番の原因です。

林　私も最初にラプソードを入手した時には、説明書は全部英語だし、クラウドの意味もよく分からない。とにかく使いながら、使い方を覚えていったようなところがありました（笑）。

山同　そのようにしてくださる方はいいですが、私のような昭和世代ではメカに拒否反応を示すこともあります。もともとは問い合わせの窓口が電話しかなく、ずっとうちの社員が対応していました。それも今は、ＬＩＮＥで質問すると答が出るとか、ｎｏｔｅ（文章投稿プラットフォーム）で発信していろいろな使い方を出したりとか、私たちの中でも少しずつ整備されつつあります。ただ、気持ちはよく分かります。僕らもテレビとかオーディオの細かい配線なんか、分からないから電話で聞きたいと思ったりするのとたぶん同じなんですよ。どちらかというと年配の層は、そこは弱いものですから。

だからこそ、これからは学生主導でやっていくことによって、現場がまず興味を持ってくれるようになれば、彼らに「これは絶対必要ですよ」とうまくチームのトップに上げてもらって、導入が進むのではないかと考えているんです。今までは決裁者である監督やコーチの方にいろいろなメッセージを発信していたのですが、発信方法を工夫していくうちに、現場の選手や学生スタッフアプローチをしていくという方向性が見えてきました。

林　ラプソードをうまく活用しているチーム、あるいは選手、ファシリティの具体例がもしあれば教えてください。

山同　そういう意味では、結局、プロ野球なんですね。学生とか社会人には専任スタッフがいないので、実際に投げて、ｉＰａｄに出てくるデータなどを見ていますが、それをもとにして、どう分析や解析をして、その選手のパフォーマンスアップにつなげるとか、ケガの防止につなげるということができているチームは多くないと言えます。そこに私たちはすごく大きな課題を感じています。

いろんな媒体にインタビュー記事を露出してもらったり、今、情報発信を増やしています。それを見てくださる方が少しずつですが増えてきて、実際に私が現場に行っても、そういう質問が増えてきました。２０２３年のＷＢＣで、ダルビッシュ投手や大谷投手などのメジャーリーガーがデータ分析を行なっている場面がメディアに取り上げられたことなどからも、問い合わせが増えています。

林　今、日本のプロ野球では、個人で購入して使っている選手はどれぐらいいますか？

山同　早くから利用していたのは、ソフトバンクからニューヨークメッツに移籍した千賀滉大投手。やはりソフトバンクの武田翔太投手。西武ライオンズの平良海馬投手と高橋光成投手。さらに昨年オフで10名ほどに増えました。

林　それだけしかいないのですか。正直言って、意外です。

山同　球団のスタッフやアナリストの方と話していても、プロのピッチャーでも、興味のある選手とない選手がはっきり分かれるようです。すごく積極的に活用する選手もいれば、数値などまったくどうでもいい、感覚でいいから、そんなのあまり興味ない、という選手もたくさんいると聞いています。

メジャーリーガーはコロナ禍に庭でトレーニングで使ったりなどで、２００人が個人導入しています。日本でも、昨年オフの間に自分で使いたいという選手が増えてきました。

フォーカス　プロ野球選手の個人契約の少なさ

現在、プロ野球で個人購入している選手はわずか10名であるという事実に、驚きを覚えました。一方、その10名がみなトップ選手であることには納得ができます。プロ野球選手が購入しない理由としては、「球団が持っているから」とか「必要性を感じない」ということがありそうです。

もしもラプソードを購入した選手がそれぞれ活躍しているとすれば、私は「自我関与」という言葉で説明できると考えています。自我関与とは、「自分にとって、ある事柄が大切な度合い」という意味です。ラプソードの価格約50万円（＋毎年のアプリ代8万2千500円）は、プロ野球選手にとっても決して安いものではない金額になりますが、それでも「ラプソードを自費で購入してまで、自分は成功したい」という思いをもつことが、自分を向上させ、投手として成長し、プロ野球で活躍するためにどれくらい大切なのか、ということを示しているように感じました。そしてもう一つは、「計測データが自分にとってどれだけ大切なのか」という自我関与も、この4人の投手は高いのだと思います。「自分に投資すること」、「自分の身体に投資すること」はプロ野球以外の世界でも大切なことですが、「自分への投資先」は、自分の身体に直接働きかけるもの以外に、計測機器や分析機器にも広がっていると考えられます。

山同　実は2021年にラプソード・ジャパンを立ち上げた時のマイナスポイントとして、「ラプソードはトップ選手が使うもの」と思われていたことが挙げられます。そういうイメージができてしまうと、みんなが手を出しにくくなっちゃうんです。私たちはまず、それを払拭するところから始まっています。

本当はそうじゃないんですよ。チームの強い弱い、選手のレベルの高い低いに関係なく、ラプソードをうまく使うことにより、いろいろなものを可視化してデータ化したり、また学生（生徒）

たちが積極的に使うことで、彼らは成長してすごく大人になります。自分で試行錯誤して失敗して、「こういうことをやったらうまくいったな」と覚えていくので、一種のコミュニケーションツールにもなります。監督やコーチに対して、「僕はこんなふうに変えてみたら、こういう状態になりました」「そうか。じゃあ結果が出ているから、もう少し続けてみようか」というような会話ができるようになってもらいたいんです。今までのような指導者がトップダウンで「こうやれ」「はい」という関係性から、自分で考えるように変わるきっかけにラプソードがなると信じています。

実際、導入していただいたチームに「よかった」と評価してもらえる一番の理由は、「部員たちが大人になった」ということです。学校の試験と一緒です。定期的に試験があるから自分の実力が分かります。現在地が分かり、目的地がどこなのか。数値的な目的地点を決定できるのです。例えば数学のテストで70点だった生徒が、次のテストで90点を取りたいと思ったとします。あと20点取るためにどういう努力をしないといけないかを自分で考え、試行錯誤して、90点を取ったら、達成感がものすごくありますよね。そのときに彼らは輝くわけです。そのように、「導入して効果がありました」と仰ってくれる高校の先生が何校かあり、それはそれで私たちにとって大きな成功だと思います。先ほどの解析・分析はまだできないけれども、そういう意味で私たちのブランドが貢献できたということは実感できます。

また、当初は野球がうまくなることや、ケガの予防を意図していましたが、自分で考える人間的な成長につながるメリットがあることも分かってきました。

林　今の時代に、試合に出られるか出られないのか分かりませんが、そうやって「うまくなったな」とか、「これぐらい速くなった」ということを数値で示してあげられると、部員一人一人が成長を実感できて、「野球部に所属して良かった」、「トレーニングの効果を実感できた」といった選手の満足度のようなところがチームの中でも上がるでしょうね。

フォーカス　**アマチュアで十分に活用できていない**

「アマチュアで十分に活用できているチームは少ない」という山同代表の発言も、アマチュア野球に携わる私にとってはショックでした。十分に活用できていない理由として、専任スタッフがいないことを挙げられていました。

たしかにアマチュアのチームでアナライザーを置くことはなかなか困難なことですが、私は必要性の高さを感じます。特に大学野球や高校野球では、部員数が多いチームもあり、データへの抵抗感も少ない世代であることから、学生アナリストの可能性について論じていました。

メジャーリーグでの科学的な選手育成の最前線を描いた『アメリカンベースボール革命』で

は、元メジャーリーガーでありデータへの理解が深い人物が、コーディネーターを担う様子が描かれています。アマチュア野球でも、アマチュア野球だからこそ、ラプソードなどの計測機器の活用には「コーディネーター」の役割が必要になる可能性があります。

林　ラプソードは今、日本でどれぐらい普及していますか？

山同　高校、大学、それからスポーツ施設。ドライブラインまではいきませんが、野球教室のような場所で購入してくれるケースもあります。あとはトレーナーさん、理学療法士さん。そして個人という五つの属性があります。シェアで言うと、だいたい高校で15％、大学20％、施設が一番多く30％、トレーナーさんが20％、そして個人で5％ぐらいと、そんな構成比です。

ピッチングとヒッティングの比率だと、圧倒的にピッチングで、7：3くらいになります。これはいろいろな理由が考えられますが、2021年に日本法人を立ち上げた時に、ちょうどダルビッシュ投手が、ご自身のYouTubeで、ラプソードの使い方というような内容の動画を上げてくれました。それがあっという間に400万ビューを超えて、彼の出しているYouTubeで断トツの1位です。それぐらい人気があります。

ダルビッシュ投手が投げて、ラプソードのデータが右下に出て、「これは回転数がこうだから」と解説してくれているのですが、あれをいろいろな人が見てくれて、それでピッチング版が一気に売上を伸ばしました。そもそもヒッティングがあること自体、あまり知らないですね。ただ、ここ数カ月でヒッティングもニーズがだいぶ増えてきました。フライボール革命だ、バレルゾーンだと聞き慣れない言葉が出てきて、大谷翔平選手がホームランを打つと、打球スピードが、角度がというのがメディアでもすごく出ているので、そこを意識される指導者だったり施設だったりが増えているのでしょう。また、ピッチングはピッチャーしか使えないじゃないですか。チーム単位で考えた時、50万円近くお金を掛けて、ピッチャーだけのためというのはちょっとまずい面があるのでしょうね。ヒッティングは全員が使えるので、限られた予算をどう使おうかと考えた時に、ヒッティングの方を導入したいというチームが増えているのだと私は考えています。

林　ヒッティング版の効果も、かなりありますよね。

山同　めちゃくちゃあります。それを僕らも伝えきれていない気がします。いいバッターの証明は打球の速さで、そこに角度が加わってくると長打が出やすくなる。普段から角度を付けて打つという意識を持ってやっているチームは、ホームランも多いです。また、大学生投手の例で、計測し始めたら急激に興味を持ち、2年間で球速が30キロぐらいアップして150キロになり、ドラフトで指名を受けた選手というもいます。どのチームでも、そうした変化が起こる可能性があるはずなのです。

林　今後のラプソードの可能性について、どんなお考えがありますか？

山同　ピッチングとヒッティングが一緒になった「ラプソードプロ3・0」が発売になったり、今度商品化されるのは球場設置型の「ラプソード・スタジアム」という名前のものです。実際の人の動きやボールの動き、要は試合のデータを取れるようになりますね。

フォーカス　今後のラプソード

山同代表のインタビューからは、「今後のラプソード」というテーマのお話を伺うこともできました。試合を計測できるラプソードも、実用段階にあるようです。この試合用のラプソードが普及すれば、取得できるデータの量は飛躍的に増加するでしょう。ただ、その際にも、山同代表が指摘する「データを誰が分析し、活用するか」という問題は残るでしょう。

計測機器を導入する段階から、分析する、「分かりやすく伝える」という役割が求められます。その人員を配置するマネジメントを行なえるチームが、チーム成績の面で他チームに先んじる可能性が高いと言えそうです。

7

ストレートを捨てた１５６キロ投手 木澤尚文投手

東京ヤクルトスワローズでセットアッパーとして活躍する木澤尚文投手は、私が助監督を務めていた時の慶應義塾大学で、２年間、指導する機会がありました。慶應高校時代からストレートの球速は１４０キロを越えていましたが、肩や肘の故障で苦労していたようです。その影響もあって、大学でも最初の１年間は実戦での登板はありませんでした。２年生の春から実績を積み重ね、３年生の秋にはチームの日本一（明治神宮大会優勝）に貢献。この頃には球速も１５０キロを越え、プロからの注目も集まってきました。そして翌年のドラフトでヤクルトから１巡目指名を受け、目標だったプロ入りを果たします。

彼の代の慶大からは、３人がプロ入りしています。ラプソードを導入した２０１７年に入学してきた彼らは、まさに「ラプソード・ネイティブ」で、計測できる環境が当たり前になった最初の世代です。当時、計測結果を見て、私はドラフト１位の可能性のある選手が数名いると感じていましたが、卒業時に実際に1位指名を受けたのは木澤投手だけでした。彼よりも球質やセンス、しなやかさやで上回る投手や、デビューが早い投手もいました。その中で彼がドラフト1位指名を受けた要因は、いくつか考えられます。

まず、１５０キロ台のストレートに加えて、１４０キロ台の変化球（ストレートの95%の球速の変化球）を持っていたこと。木澤投手は、カットボールで１４０キロを出すことができました。この球種が、大学生相手には大きな武器になっていました。

２つめは、試合である程度の結果（リーグ戦で勝ち星を残したり、代表に選出されるなど）を出せたこと。いくら球速・球質が良くても、試合で結果が出ていない投手は、プロもなかなか指名に踏み切れません。木澤投手は大学通算7勝を挙げました。コロナ禍でシーズンが短縮され、日本代表の活動もなかった時期なので、もう少し結果がほしかったのは事実です。この結果不足が、1位指名とはいえ、入札した選手のクジが外れた後の「外れ1位」という評価になっていたのかもしれません。

木澤投手の成長に、計測はなくてはならないものだったと私は確信しています。常に練習ではラプソードを活用し、公式戦の登板後には神宮球場に設置されたトラックマンのデータをチェックし、自分の課題を分析していました。そうやって地道に努力できる性格なので、プロでもいずれ台頭するはずという期待はありましたが、その反面、技術的にも体力的にもまだ未完成な部分も多く、結果が出るまでに少し時間が掛かってしまうのではないかという危惧もしていました。

私の予想は当たり、1年目のシーズン（2021年）は投げては打たれるというような状況で、一軍登板どころか、ファームで防御率6点台という散々な内容でした。しかし、彼の性格であれば、そうした不本意な結果に直面しても、しっかり原因を分析し解決策を模索していたはずです。2年目のシーズンは一軍でリリーフとして起用され、55試合に登板。リーグ優勝を果たしたチームで、チーム最多となる9勝を挙げています。球速も156キロを記録。この急成長の背景に、ラプソードやホークアイといった計測機器はどんな役割を果たしていたのか興味深いところです。

林　2年目の昨シーズン（2022年）は、手応えのあったシーズンに見えますが、ご自身ではどう振り返っていますか？

木澤　昨シーズン（2022年）の勝ち星（9勝）はたまたま野手の方が打ってくれた結果ですが、ひとつだけ自慢できるとすれば、1イニングあたりの投球数がチームで一番少なく、ストライクゾーンで勝負できていたということは言えるかもしれません。（注：1イニングあたりの球数15球以下はヤクルトでは木澤投手だけ14・1球。2番目に少ない田口麗斗投手が15・1球。）

林　球種の割合を見ると、シュートの多さに驚きます。昨年の全投球のうち、60％以上がシュートという統計が残っています。これが球数の少なさにどれくらい関係しているのでしょうか？シュートの平均球速が151・5キロ。速いですね。ストレートとの球質の違いはどうなのですか？

木澤　ストレートとシュートで球速はほとんど変わりません。回転数もほぼ同じです。回転効率も変わりませんが、ボールの伸びは、ストレートに比べてボール1、2個分抑えられています。伊藤智仁投手コーチや、春季キャンプで臨時コーチに来ていただいた古田敦也さんに勧められてシュートを本格的に投げ始めたのですが、そうしたらストレートを投げるメリットを感じなくなりました。シーズン中は、ストレートは1球も投げておらず、ほぼ全球シュートと言ってもいいくらいでした。シュートがすごく自分を助けてくれましたね。

林　ストレートを1球も投げていない!?

木澤　はい。〝(ストレートを) 使うメリットがなかった〟ということです。1年目のシーズン、ストレートをボコボコに打たれました。フェニックスリーグで、5イニングで15点取られたこともあります。「こうも簡単に自分のボールが弾き返されるのか」と挫折感を味わい続けた1年間でした。計測データを見ると、大学時代よりもストレートの回転効率が下がっていて、ストレートの伸びやシュート量が下がっていたので、それも原因になっていたはずです。

木澤投手の改革遍歴

林　ストレートの回転効率は、大学時代にはどんな数値でしたか?

木澤　大学時代は高かったんです。ほぼ100％ありました。それが入団当初、70％とか80％に落ちていて、カット気味の球質になっていたんです。原因として考えられるのは、大学野球の4年秋のシーズンが終わってからプロ入りするまでの期間に、「もっと良くしたい」という思いからフォームを試行錯誤していく中で、変わっていった、崩れてしまったのかもしれません。

そこでストレートの回転効率を100％に近づけて、空振りをとれるようにしたいと考えて、球質改善を行ないました。ファームの戸田球場にはトラックマンがありますし、イースタンの他の球場でも測ってもらえます。試合のたびに二軍のアナリストの方とフィードバックを行ない、ピッチング時にはラプソードだけでなく、ハイスピードカメラを使ってリリースも細かく確認しながら、

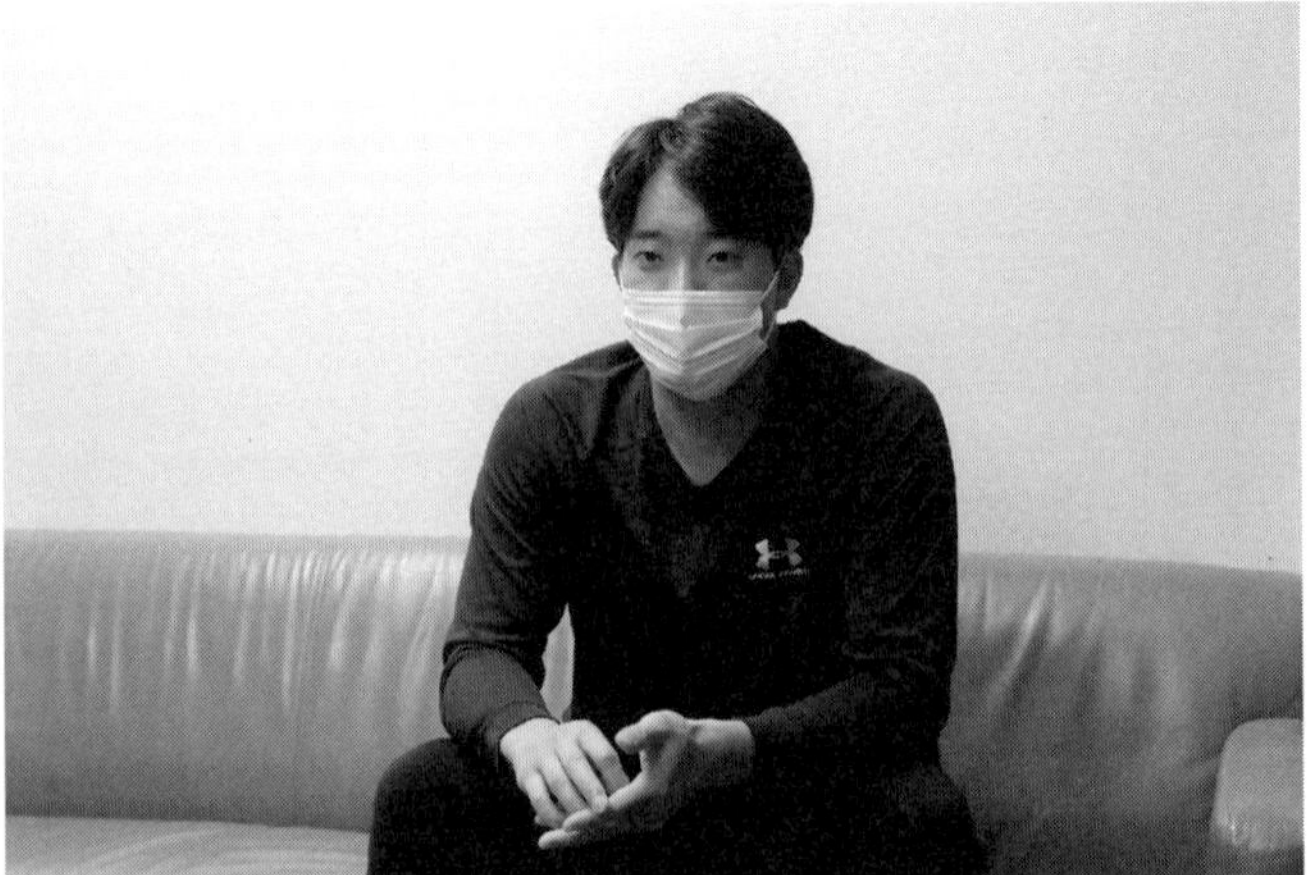

木澤尚文投手

回転効率を上げる取り組みをしていきました。

結果的に秋の段階で95から１００％と、回転効率はほぼ元に戻ったのですが、それでも打者に嫌がられるような特徴を出すことができないんです。僕のストレートでは、一軍レベルのピッチャーよりストレートに10センチ以上伸びがない、という結論にたどり着きました。ストレートの球質が、平均43センチで、良くても52センチくらいの伸び。一軍のトップレベルになると、60センチ台を出すピッチャーもいます。僕がストレートの回転効率を１００％にして、２３００回転を出したところで、50センチしかいかないということになります。伸びが低くても、エクステンション（プレートからリリースポイントへの距離）が長くて、ファールを取れるピッチャーもいたりしますが、僕にはそういう特徴もない。ストレートというものに対してアプローチを考え直さなければいけないな、と。

現実を思い知らされて辛かったですが、でも、ラプソードなどの計測機器があって良かったんです。「１５０キロが出ても、このボールでは通用しないんだ」ということがよく分かりましたから。もし自分の球質が分からなかったら、「１５０キロ出ているのに何故?」と迷路に入り込んでいたと思いますから。

何よりも、仕事がなくなるかもしれないという危機感があったことで踏ん切りがついたかもしれません。フェニックスリーグで15点取られた時、「これじゃ、（プロで）3年もできないかもしれないぞ」と焦りました。「前向き」と言ってくれる人はいますが、「上手くならなければいけない、成功しなければいけない」と思ったら、凹んでいるヒマはない！　ということです。何かにトライしなくては、と思いました。

林　それがシュートだったのですね。

木澤　昨年1年間やってみて、僕の場合はストレートを投げるメリットがないということに気付きました。「ピッチングは力のあるストレートが基本」と言いますが、その概念が覆されているわけではないんです。ただ、ストレートで打者の予想を上回るボールが投げられないのであれば、投げるメリットがないということです。それなら僕のストレートとツーシームの球速は変わらないので、ツーシームでストレートの代用ができた、ということでしょうね。

いわゆるストレート、ではないのですが、ファストボール（速球）という意味では、「ツーシームファストボール」を60％以上の割合で投げていると考えると、ストレートではないですが、「速い球が基本」という概念からは外れていないはずです。ストレートの概念を広げたというか、よく言われる「シュート回転がNG」というのは、必ずしもそうではないと思うんです。僕もシュート回転がダメだと思って野球をしてきましたが、古田さんや伊藤コーチから、「シュートするならそれを活かしたらいいじゃないか」「ツーシームの握りで真っすぐ（ストレート）を投げたら」と言ってもらえたことで、意識が変わりました。「逆手に取ればいいんだ」と。この2人のアドバイスは大きかったですね。

林　シュートの回転効率は？

木澤　89％くらいです。ストレートに比べてそこまで低いわけではありません。ホークアイで計測すると、伸びが38・4センチの、シュートが36・8センチくらいになります。ただ、ホークアイやトラックマンでは回転効率が直接は出ないので、アナリストの方に算出してもらっています。ストレートと球速は同じくらい（平均１５１・５キロ）。回転数もストレートと変わらない、２２００から２４００回転くらいです。

林　シュートを使うようになって、他に何かピッチングの変化はありましたか？

木澤　コントロールが楽になりました。ツーシームの方がストライクゾーンに行くんです。それは心理的な面もあったかもしれませんね。プロのピッチャーである以上、ストレートは狙ったところに投げられるのが当たり前の球種なのですが、自分にはそれができないのでマウンドで自信を持ちきれませんでした。逆にツーシームは、必ずしも狙ったところに行かなくてもいいという球種です。僕自身、ツーシームは「真ん中を狙って、散ってくれればいい」という意識で投げられますから、心理的にすごく楽になれて、それがコントロールの面で良い影響になっていたはずです。

　まだストレートの改善を図っている段階の時ですが、ネクストベースの神事先生と、ボールのグリップの話になったんです。僕は指先で握るクセがあるのですが、神事先生からは、指の腹も（ボールに）つける握り方を勧められました。でも、握りを変えるというのは難しくて、なかなか感覚が掴めなかったんです。それがツーシームだと、縫い目があるので、指の腹で握る感じが出せるんですよ。そういうことも含めて、自分に合っていたのかもしれません。

林　監督やコーチからは何かアドバイスがあったのですか？

木澤　伊藤コーチからは、「お前のストレートはホップしないんだから、だったら他の方向に動かすことを考えてみろ。シュート気味のストレートなんだから、その球質を活かしてはどうだ」と言われました。伊藤コーチはデータリテラシーも高くて、いつも球質データに基づいたアドバイスをしてくれます。シュート成分が多い球質を活かす方法として「シュートの活用」という提案を受けて、自分でも腑に落ちました。実際に投げてみると、ストレートを投げていた時にはなかった反応を打者がしてくれるのです。ファールが取れたり、打ち取れたり。こうした打者の反応に手応えを感じて、次にアナリストの方に球質のデータを見てもらうと、ストレートとは違うボールになっていることが確認できました。そこから本格的に投げるようになりました。

投げ方についても、「ツーシームの握りで、ストレートを投げるように投げるだけ」とアドバイスされています。このコーチングも良かったと思います。曲げようとする意識が強すぎると、コントロールが難しくなりますから。それに、ボールの変化量も、ストレート─1個分弱のホップ量、＋数センチのシュート量です。だから、シュートといっても、ストレートよりもすごく曲がっているというわけではないんです。

フォーカス　必死さ

木澤投手の話を聞いて、データリテラシーとともに、「必死さ」が重要な要因だと感じました。ラプソードを用いた計測や講演に行くと、よく「弱いチームは測って終わり」と指摘しています。「１４０㌔が出た」「２３００回転だった」と、測って終わってしまうチームや投手が多いのです。その点、木澤投手は、ストレートの回転効率を上げて球質を改善しても、プロ野球の一軍選手としては通用しないという現実をいち早く理解できていたし、「今のままでは次の年も同じ結果に終わる」という的確な自己分析ができていました。常時１５０㌔を投げる能力の高さがありますが、こうした考え方ができたのは、データリテラシーという裏付けがあったからでしょう。コーチも、経験と球質の分析から的確なアドバイスを送っていたようです。

木澤選手のもつ投球能力やコーチの助言を活かすためには、彼が語るような、「必死さ」や「変化を恐れない」というメンタリティは必要な条件だったはずです。シュートを多投する投球へのモデルチェンジは、これらの要因の上に成立しています。その上で、シーズン中に「打者の反応」と「球質」を確認しながらブラッシュアップを図っています。ここでも「必死さ」と「データリテラシー」の2つがベースにあります。成績の向上は、対人スポーツなので一概には言えませんが、「変化」という点に絞ればモデル化することも可能です。「測って終わり」

にしなかったモデルと言うことができます。

　インタビュー後の２０２３シーズン、木澤投手は一進一退の戦いを続けています。四死球率は相変わらず高く、勝ち星も２０２２年シーズンほどは伸びていません。被本塁打数３本は、シーズン半ばにして前年に並んでしまいました。しかし、勝ちパターン（リードした場面）での登板機会も着々と増え、投球内容も向上しているように見えます。恐らく、外部からは伺いしれない変化、モデルチェンジを試み続けているのだと思います。

　今後は、やはりコントロール能力と球速の大きな成長が期待されます。コントロールと球速の成長にもやはり、「必死さ」とデータリテラシーが活かされるはずです。

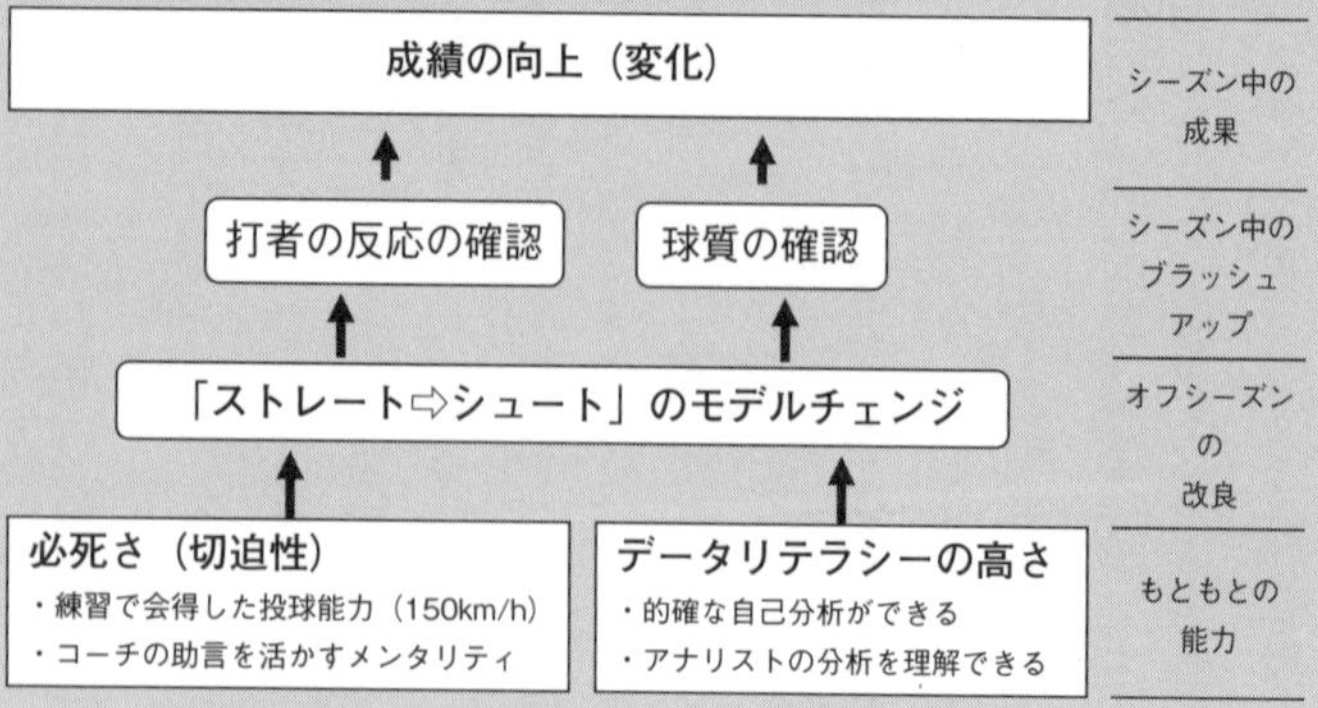

ラプソード活用法

木澤　昨年末、ラプソードを自分で購入しました。僕の年俸を考えると決して安くはない買い物ですが、プロとしての自己投資ですからね。自主トレでも、これまではラプソードが設置された施設を探して利用していたのですが、今年からは自分のものを使っています。キャンプにも持っていって使ってみたのですが、僕はまだ入団3年目なので、セッティングに手間取ったりすると、他のピッチャーの皆さんに少し気を遣う部分もありました（笑）。

林　ラプソードジャパンの山同社長のお話では、現在、NPBでラプソードを個人購入した選手は10名しかいないそうです。意外と少ないなと思いました。MLBのドジャースでは、キャンプのブルペンで1レーンに1台、ラプソードが設置されていました。日米の計測に対する意識と、機器の普及の違いを痛感します。

木澤　購入に関しては、球団が持っているのだからというのもあるのではないですか。でも、ドジャースの「1レーンに1台」はすごいですね。そこまでデータを取って、選手たちがどうやって活かすのでしょうか？　選手はどのレベルのデータリテラシーをもっているのか気になりますね。

そう言われてみると、スワローズでも外国人選手（投手）、スコット・マクガフ（現・ダイヤモンドバックス）やサイスニードはとても詳しいですよ。質問への返答がクリアーだし、計測結果の何を見て何を見ないかの取捨選択や、解釈もしっかりしています。データリテラシーがとても高いと感じました。

いつかオフシーズンのトレーニングで米国に行ってみたいですね。春先に、米国の施設で自主トレをした根尾昂選手（中日）が、フォークをワンシームにしたら落ち幅が増えたという記事を見ましたが、どんなアプローチがあったのか、いろいろ興味を持ちますよね。去年までマクガフ投手がいたので、彼が使っているというアメリカのフィッシャーとかクレッシーというジムのメニューをもらって僕もやっています。それを実際にやってみて、やはり練習の仕方は違うということが分かりました。（アメリカのジムでの）短期間のトレーニングでも日本でやるよりお金が掛かることなので、ラプソードの購入と同じで、「自己投資」という考え方が必要になってきます。でも、ネクストベースとか外部の施設で行なうトレーニングでは、少なからず球団の施設よりもお金が掛かるわけで、その分だけ何かを得なくてはいけない、という意識も生まれます。「サンクコスト（埋没費用）」と言うらしいですね。よく分かるし、必要なことだと思います。

余談ですが、伊藤コーチの現役の頃のスライダーはすごかったとよくテレビなどでも取り上げられていますが、当時、ラプソードがあって測ったいたらどれくらい曲がっていたのか、興味があります。３５００回転くらいしているかもしれませんね。ヤクルトは伊藤コーチがコーチングの際に計測データの裏付けを用いることもあって、選手も興味を持ちやすいし、チーム全体の空気としてもデータをよく見ているチームだと思います。一軍だけでなくファームでも、しっかりとデータを見る体制ができていると感じます。

プロ野球でのデータ分析

林　チームではどんなデータ活用を行なっているのですか？

木澤　現実的に、入団してすぐに計測とかデータに慣れることは難しいかもしれません。特に高校から直接プロ入りした選手は、もともとあまり馴染みがない作業なので、活かせる選手と活かせない選手の差が出てきます。アナリストからシーズンの半ばくらいにアドバイスを受ける機会があって、自分の各球種の客観的な価値、ピッチバリューを確認するような流れがあります。ある投手はエクステンションが長いことを確認できて、そこから本人が自信を持ってストレートを投げるようになっていました。こういうことを選手に上手く伝えて、しっかり理解できるような、データの解説とか解釈のサポートが必要なのかもしれません。

実際、データを見ない選手は、ほとんど見ていないという印象です。ストレートがすごくホップしていたり、回転効率が70%のクセ球を投げているピッチャーが、自分ではそのことに気付いておらず、そのボールを投げないということがあるので、それは勿体ないですよね。もっと自分の特徴を理解していればなあ、と思ってしまいます。だから、データリテラシーももちろん必要なのですが、まずは興味関心という要素が大事なのではないでしょうか。興味関心があれば、自然に入っていけるし、そこに学校の成績的な頭の良さは関係ないと思います。

僕の場合は、大学時代にラプソードやトラックマンに接して、データへの親和性は高かったし、僕自身のデータリテラシーもある程度高かったことは、今、役に立っているはずです。実際にヤクルトのチーム内でも、一軍で活躍されている投手で、データに無頓着という方は少ないですから。それに慣れていたことは、だいぶアドバンテージになりました。

林　大学時代の計測機器の使い方を教えてください。ラプソードの練習での使い方は分かっていますが、神宮球場のトラックマンはどう活用していたのですか？

木澤　4年生の秋のリーグ戦で、開幕してしばらくの間、投げるたびに打たれた時期がありました。投げている感じは自分ではそんなに悪くないと思っていましたが、成績を残せたその前のシーズン（4年生の春）のリーグ戦のボールと比較して、球質的に何が違うのかをトラックマンデータを使ってチェックすると、ストレートのホップ量が下がっていることが分かりました。その原因として、リリースの時にボールの回転軸が少し横にズレて、シュート気味になっていたことを学生スタッフが発見してくれたので、修正するポイントが分かりました。回転軸を縦にするために、思い切り上から叩くくらいで投げるようにしたら、しっかり修正ができて、結果も良くなりました。東京六大学は、リーグ戦にトラックマンのデータを使えることはかなり有利ですよね。練習ではラプソードを使っていましたが、試合で実際に投げているボールを見ることができるメリットはありました。

ブルペンで「良いボールを投げたい」という意識は大学時代にもありました。でも、ピッチングを指導してくれた林さんや、その後に助監督となった竹内大助さん（トヨタ自動車）から、「バッターの反応を見ろ」「バッターが嫌なボールを投げろ」と口を酸っぱくして言われていたことが、最近になって分かるようになってきました。そういう面でも、学生時代よりも今の方がデータに興味があります。

だけど、プロ野球のレベルの高さは想像していた以上でした。1年目、ボールになる変化球は振ってくれないし、バッティングカウント（ツーボール、ツーボールワンストライク）でのストレートは何があっても打たれる。本当に何があっても打たれました。しかも、二軍の試合でこれか、という打たれ方です。待たれていたら、必ず打つのがプロなんです。

計測データをもとに改善にトライして、改善して、それでもダメなら余計にトライしなければいけないと思っていました。良くなると確信して取り組んでいました。そもそもストレートというのは、一般的には空振りが取りづらい球種じゃないですか。フォークやスライダーの方が取りやすい。それなのに僕は、空振りを取れるストレートにこだわり過ぎていたところがあります。そこをもう少し早く気付けたらよかったんですけどね。

林　今、チームのアナリストとは、どんなコミュニケーションを？

木澤　ヤクルトのアナリストの方はとても優秀だと思います。すごくフットワークも良いですね。プロ野球の他チームと比較しても、かなりレベルが高いはずです。計測の効果が認知されると、これからもっとアナリストの方ができることが増えていくのではないでしょうか。ヤクルトに入団して、最初にアナリストの方と話をした時も、「大学時代、ラプソードを練習にどう取り入れていたの？」とか「トラックマンは、どんなデータを見て、どう使っていた？」と、逆にいろいろ質問を受けました。スタッフの皆さんも、よりよい活用のために勉強されているのだと思います。

難しいのは、アナリストの方がどこまで介入するのかということが、まだチームとしても手探りの段階なのだと思います。こちらから聞かなければ、データを出しにくい面もあるのかもしれません。この間をつなぐ役割の人がいれば、潤滑にいくかもしれませんね。アナリストの方にビジターのゲームでも帯同してもらえるとありがたいです。

林　米国では、チーム内にアナリストと選手の間をつなぐ存在として「コーディネーター」という役割があって、選手経験のある人物が任されていると聞きました。

木澤　ヤクルトにはそういう役割の方はいませんが、いたら非常に有益だし、いろいろと役に立つと思います。現状では、伊藤コーチが半分そういう役割を担ってくれているのかもしれません。

林　神宮球場には「ホークアイ」も設置されていますが、こちらはどんなふうに活用されているのですか？

木澤　シーズン中は、試合が終わったらアナリストの方の部屋に行って、ホークアイのデータをチェックします。まず、ボールの変化量とリリースの映像を見て、バッターの反応を確認することから。打たれた反省とは、また違う作業です。「良い変化したのに、バッターが振らなかったのは何故だろう？」というような視点ですね。例えば、フォークボールを落とそうとし過ぎて開き気味に投げることで、他のボールのコントロールが悪くなっていた時がありました。そうやって実際にどんなボールだったかをチェックするというのは、ある意味二重の楽しみでもあります。試合中、イニングごとにチェックすることも可能だと思いますが、僕はそんなに器用ではなくて、試合中に気にしすぎると良くないタイプだと思っているので、チェックは試合が終わってからだけにしています。打たれた場合は、別の観点からもチェックします。

これも大学時代から教わってきたことですが、計測機械やその数値ではなく、バッターと勝負することが大事なので、勝負する相手を間違えないように気を付けています。野球のことを考える時間は、学生時代とプロで変わらない部分もありますが、学生の頃ほどフォームのことばかり考えなくなりました。プロでは相手のデータを見たり、ビデオを見る時間が増えました。相手をアウトにするために計測データを活かす、という感覚です。だから、データに溺れるとか、考えすぎというのは、プロに入ってからはあまりない気がします。学生時代の方が、そういう頭でっかちなところがありました。

林　あらためて、データリテラシーの高さと選手のパフォーマンスとの関係性について、どんなふうに考えていますか？

木澤　データに興味を持っているかどうかと、選手の活躍は、僕は関係があるような気がします。特に若い選手に関しては、かなりあるように感じます。実際、活躍されている方で、データに無頓着という方は少ないです。チーム最年長（43歳）の石川雅規さんもそうですが、長く活躍されている方ほど、新しいことに積極的にチャレンジしています。石川さんは、データについては、かいつまんでポイントを捉えて使われているという印象です。同じ左腕で年齢の近い和田毅投手（ソフトバンク）が、「ドライブラインのプライオボールを使ったトレーニングを取り入れて球速が上がった」という話を聞くと、いち早く取り入れたりしています。35歳の石山泰稚さんも、ネクストベースにトレーニングに行っているようです。今はベテランになっても１５０キロを投げる人がいて、これはトレーニングの効果だと思います。年齢を重ねて自分の身体を理解されていて、ルーティンをしっかりやって、という準備の早さ、丁寧さは見ていて感じます。そうやって取り組みを考えれば、歳を取るごとに球が遅くなるというわけではないはずです。だからといって、全体の選手寿命が延びているわけではない。そういう厳しい世界なんです。

　僕はたいした実績は残していませんが、それでもチーム内ではデータを活用している方ではないでしょうか。こうやって取材を受けて話していますが、まだ何も成し得ていないので、これからもどんどん変化していかなければならないと思っています。球速も、まだ速くしたいです。日本シリーズで対戦したオリックスのピッチャーを見たら、とにかく球が速いのが正義だなと思いました。みんな球が速くて、高めにどんどん投げ込んでいましたからね。もう速くならないと思っていたのですが、昨年、平均１５１・５キロと速くなったので。これを１５３、１５５と上がっていこう、と。

　球速アップの要因は、筋量の増加もあります。骨格筋量はプロに入って3kgくらい増えて、今、71kgくらいです。一軍にいると食事の時間が遅くなるので、太らないように注意しています。最高球速は、京セラで１５８キロでした。ただ、京セラのスピードガンは数字が出やすいので微妙です。いつか、１００マイル（１６０キロ）は出したいですね。あと2キロなんで、意外と近いんですよ。１００マイルはピッチャーにとってはロマンですからね。

フォーカス　木澤投手事例から見る計測の残酷さ

選手や指導者向けのセミナーの際に、「ラプソードなどの計測機器を導入することで、選手のモチベーション向上につなげることができる」という話をすることがあります。「試合に勝つ」とか「打者を打ち取る」というのは、いろいろな要因が混ざるものです。球速や球質が向上したとしても、アウトを取れない可能性はあるのです。ですから、そこへの直接的な効果は、余り言わないことにしています。ただ、計測によって、自分の能力がアップしたかどうかをチェックすることは間違いなくできます。

また、試合でマウンドに上がることができる投手は1人だけですが、計測は多くの投手が同じ条件で行なうことができます。その中で、自分の取り組みや努力の結果が計測結果に反映されれば、モチベーション向上にもつながるでしょう。昔なら、試合にあまり出られない控え投手に関しては、「試合に出なければ、自分の能力の向上をチェックできない」という問題もありました。その状況でモチベーションを保つことは、なかなか困難だったでしょう。でも今の時代は、こうした機器を活用することで、エース以外の投手のモチベーションも高めることができるし、計測した数値を用いて目標設定を行なえば、その達成度合いもチェックしやすいですし、期限の設定もできて非常に効果的だと思います。

しかし、木澤投手が語っていた「計測数値は向上したのに、試合では通用しない」というような、非常に残酷な状況を突きつけられることがあるでしょう。それでも選手はそこに向き合わなくてはなりません。極論すれば、ごく一部の超一流選手を除けば、ほとんどの選手にとって、計測データは残酷な結果になるでしょう。

木澤投手はプロ入り後、ストレートに関して、「ここまで簡単に自分のボールが弾き返されるのか」という試合での残酷な結果と、それを裏付けるような計測における残酷な数字を突き付けられましたが、その結果、「工夫」や「戦術」として、シュートに活路を見出しました。これは彼の、数字では測ることができない「人間力」のような要素が、計測による予測を超えた実例だと私は思っています。

おわりに

今回の本で書きたかったことは、もちろん計測の現在の状況や、科学的なコーチングが選手の能力向上にもたらす効果についてですが、加えて、「計測でこんなに野球が面白くなる」ということと、「科学的なコーチングの裏側には、人間的な成長の重要性が走っている」ということです。この本を執筆中に（2年以上かかりました……）、メジャーリーグでMVPになり、WBCで優勝した大谷翔平選手を見ていてもこのことは確かだと思います。先進的な取り組みと、その陰には長期的な目標設定と真摯な姿勢がある、という。そのことも含めて、計測や科学的なコーチングは面白い、ということです。プロ野球チーム、選手、最先端の施設、強豪アマチュアや高校にお邪魔しましたが、皆さんそれぞれ少しずつそのことに触れられているように感じました。

今の選手を見ていると、本当に羨ましく感じます。「自分が選手の頃に自分の球質が分かっていたら……。エネルギーフローが分かっていたら……」と思います。ただ、これは指導者や研究者にとっても同じかもしれないと考えるようになりました。「自分が指導者の頃に分かっていたら……」、「自分が現役の研究者の時に測れていたら……」ということかもしれないと思うと、今の時代に大学教員、研究者を務め書籍を執筆する機会を得て幸せなのだと思うようになりました。

最後になりますが、取材を受け入れていただいた、ＥＮＥＯＳ野球部・大久保秀昭監督、福岡ソフトバンクホークス・関本塁ＧＭ補佐、東京ヤクルトスワローズ・木澤尚文選手、愛工大名電高校・倉野光生監督、立花学園高校・志賀正啓監督、中尾信一代表取締役・神事努博士はじめネクストベースの方々、ラプソードジャパン・山同建支社長に深く感謝いたします。武田幸宏さん（ＹｏｕＴｕｂｅ「ドラフト候補調査隊」）には、ボールの回転イメージの作成等大変お世話になりました。大学時代の同期である木下博之代表（株式会社ナイスガイ・パートナーズ）は、本書の世界の入り口を教えてくれました。元ラプソード日本支社代表・宇野冠章さん（現ＰｗＣコンサルティング）にも本当にお世話になりました。高校時代以来のご縁であるライターの矢崎良一さんのご助力がなければ、本書の完成はありませんでした。かつての慶應義塾高校の名投手である東洋館出版社・錦織圭之介社長、穏やかに力強くフォローをいただいた編集者の石川夏樹さんにもお礼申し上げます。

また、公私に渡ってご理解・ご支援をいただいている朝日大学・宮田淳理事長、大友克之学長、恩師・後藤寿彦教授に深い感謝の意を表します。父・智章と母・和子が、出版を楽しみにしてくれたことは執筆の大きな励みになりました。妻の美樹は、国内外に研究、視察に行くことを認めてくれています。皆様に深く感謝いたします。

この本を通じて、野球の面白さ、楽しみ方がより深く広がっていくことを切に願います。

２０２３年10月　林　卓史

引用・参考文献一覧

・ドラフト候補調査隊（https://www.youtube.com/@draft_hiro）

・BaseballGeeks 編集部『新時代の野球データ論』（カンゼン、２０１９）

・林卓史、佐野毅彦「大学野球におけるストレートのリリース速度と回転速度の効力の検証」（『スポーツ産業学研究』29巻2号、１３７-１４７頁、２０１９）

・吉井理人『投手論』（ＰＨＰ研究所、２０１３）

・大岡昌平、前田正登『野球の投球における主観的努力度がボールの初速度と正確さに及ぼす影響』（『コーチング学研究』26巻2号、１７７-１８５頁、２０１３）

・SONY「可視化のテクノロジーでスポーツの感動を支える」（https://www.sony.com/ja/SonyInfo/technology/stories/Hawk-Eye/、２０２２年6月21日閲覧）

・日刊スポーツ「ヤクルト木沢尚文シュートで最速１５６キロ」（https://www.nikkansports.com/baseball/news/202203030001248.html、２０２２年6月21日閲覧）

・中日スポーツ「野村監督『俺が打てなかったんだから投げてみろ』川崎憲次郎さんのシュートが中日・山井へ…訃報直後の〝球縁〟」（https://www.chunichi.co.jp/article/47601、２０２２年6月21日閲覧）

・Shinya, M., et al., Pitching form determines probabilistic structure of errors in pitch location. Journal of sports sciences, 2017. 35 (21): p. 2142-2147.

林 卓史（はやし たかふみ）

朝日大学教授。

博士（政策・メディア）。慶應義塾大学卒。選手として、岩国高校で甲子園出場。1997年に東京六大学野球 春季リーグ優勝、日米大学野球選手権に選抜され、優勝に貢献。東京六大学野球通算21勝。日本生命野球部でプレーし、2002年に社会人野球日本選手権 優勝。指導者として、慶應義塾大学などで指導を行う一方、投手へのコーチングに関する研究で博士号を取得。近著に、『スピンレート革命回転数を上げればピッチングが変わる』（ベースボールマガジン社）。

球速の正体

2023（令和 5）年 11 月 1 日　　初版第 1 刷発行
2024（令和 6）年 2 月 13 日　　初版第 3 刷発行

著　　者：林 卓史
発 行 者：錦織 圭之介
発 行 所：株式会社 東洋館出版社
〒101-0054　東京都千代田区神田錦町 2 丁目 9 番 1 号
コンフォール安田ビル 2 F
代　表：電話 03-6778-4343／FAX 03-5281-8091
営業部：電話 03-6778-7278／FAX 03-5281-8092
振　替：00180-7-96823
U R L：https://toyokanbooks.com
装　　丁：小口 翔平（tobufune）＋奈良岡菜摘
イラスト：丸口 洋平
印刷・製本：藤原印刷株式会社

ISBN978-4-491-05303-5　　Printed in Japan